Wisdom of the Ages

60 Days to Enlightenment

靈性導師與智者
的心靈對話

關於冥想、孤獨、愛與其它的每日靈性練習

偉恩・戴爾（Wayne W. Dyer）　著

張玄竺　譯

給我們的兒子

非凡小菩薩　山德·戴爾（Sands Jay Dyer）

當你死去，

尋覓安息之地

那個地方不存於世上，

而在人心。

——魯米（Rumi）[1]

偉大人物的人生提醒我們

我們可以使生命變得崇高，

並且，道別，留下

足跡在歲月的沙地裡。

——亨利・華茲華斯・朗費羅（Henry Wadsworth Longfellow）

.

1　譯註：伊斯蘭教蘇菲派神秘主義詩人、教法學家，生活於13世紀塞爾柱帝國統治
　　下的波斯。

致謝

感謝這六十位與我們分享智慧的老師，他們造福了每一位活在此刻的人。

我也非常感謝親愛的朋友和過去四分之一世紀的文學經紀人亞瑟・派恩（Arthur Pine），以及我的編輯、校對、打字員和親愛的朋友喬安娜・派爾（Joanna Pyle），他們為完成這本書做出了巨大的貢獻。

謝謝你——謝謝妳——

目次

導言

　　我在腦海中勾勒出世界在其他時代的模樣，並對前人的內心感受深深著迷。想像畢達哥拉斯、佛陀、耶穌基督、米開朗基羅、雪萊、莎士比亞、愛默生，以及許多我們尊為師長和精神領袖的人，和我走過同一片土地、喝同樣的水，看同樣的月亮，照著同樣溫暖的陽光，感覺多麼地不可思議。更耐人尋味的是，這些偉大的思想家究竟想告訴我們什麼？

　　我的結論是，為了帶動這世界內在精神的深刻變化，我們需要了解並活用這些古聖先賢留下來的智慧。在這些學識淵博的聖賢中，許多人被視為製造麻煩的人，有些人甚至因為自己的信念被處死。然而，他們不會被噤聲，這本書節錄的不同歷史時代的不同議題，便是他們話語的明證。他們的文字代代相傳，他們的諄諄教誨供人閱讀，並助人觸類旁通，帶來更有深度及豐富的生活。本書集結了各時代和議題的智慧結晶，我從那些睿智而富有創造力的思想家身上感受到，他們正在告訴我們，如何發自內心深處改變靈魂。

　　某種意義上來說，我們這些現居於地球上的人與前人有許多聯繫。我們可能擁有新科技和現代的便利，但我們仍共享同樣的

心靈空間；流經他們身體的能量或生命力，如今也在我們體內流著。這本書正是為了傳遞這份心智圖像和共享這些能量才產生。那些最有智慧、最具超然精神的古老學者們，要對今日的我們說什麼呢？

他們將人生最大的收穫留在散文、詩歌和演講中，供我們閱讀和聆聽。儘管生活在不同的時代、生活條件截然不同，但他們仍然能與你我對話。本質上，這些過去的傑出靈魂仍然透過文字與我們同在。

我選擇了六十位古聖先賢，每一位都是我欽佩與尊敬的人。這六十位智者很多元化，代表了來自全世界的古老的、中世紀、文藝復興、早期現代和現代的族群。有些人活到九十多歲，有些人在二十出頭時便離世。男人、女人、黑人、白人、美洲原住民、遠東人、中東人；學者、士兵、科學家、哲學家、詩人和政治家，他們都在這裡，有話要對你說。

選擇這六十個人並不表示沒有選入本書的人不重要。每個選擇和每位先賢都只是我用來闡明主題的例子，這麼簡單而已。如果要把所有偉人都囊括在內，大概要租拖車和起重機才能扛起這本書，我們祖先的智慧就是如此豐富啊！

我用每一章來解釋要如何將這些尊貴大師的作品直接轉化為對此時此刻的你有益。每一部分都是為你量身打造，每篇短文末尾的具體建議都在說明如何將這些課題應用在你的生活中。我想

讓你活用這些智慧結晶，而不只是讀詩和散文，被動地下結論：「嗯，文學課或人文學科滿好的啦，但以前和現在又不一樣。」建議以開放的心態閱讀每一段節選，這樣一來，這些崇高的思想便能產生神性和生命力，並且以獨特的語言和藝術形式與你直接對話，那麼從今日起，你便能將他們的智慧運用於生活之中！

我寫每一個章節時，總會看著那位智者的肖像或照片，認真地問這個人：「您希望我們現代人知道什麼？」——我會傾聽並順其所言。遵循著他們的指引，寫作幾乎是自然而然水到渠成。聽起來可能很奇怪，但我寫這六十篇賞析時，真的覺得這些作家和詩人就在身邊。

本書摘錄了許多詩。我將詩視為心靈的語言——不只是娛樂的形式或用來通過學校考試的內容，而是我們透過智慧的交流來改變生命的方式。以下是在生活中觸動我的三個例子。

許多年前，我在博士畢業典禮上收到了許多很棒的禮物。其中最讓我感動的是母親寫的一首詩，那首詩直到近三十年後仍然掛在我的辦公室裡。我在此分享這首詩，說明不一定要是名人寫的詩才能觸動我們平凡的心。

母親僅能指引……

然後退居其後——我明白

自己不能說：「你應該走

這條路。」

因為我無法預見
哪些路徑能召引你
至我從未知
也未能想像的高處。

然而，在我心中
我始終相信
你觸手可及星辰……
而我無需詫異！

我的大女兒崔西才五、六歲時，給了我一張她在學校畫的
圖，上面也有一首發自她柔軟內心的詩。我與她的母親分離，而
她明白我再不能與前妻日日共處的痛楚。我也將這首詩裱框，掛
在書桌旁的牆上。

就算太陽停止發光，
就算天空不是藍的，
沒有關係，
因為我會一直愛你。

看著女兒在詩中表達出的那些珍貴念頭，總讓我含淚動容。

最後這首詩是女兒薩莫寫給母親的聖誕節禮物，裱框後就放在她母親床邊，讓她能夠日日閱讀。

〈妳的愛於我而言〉

知道妳的笑容
在門口迎接我
妳的溫柔話語
使我無憂無慮。

每次我踩空階梯
妳扶著我站穩
當妳我相視而笑
我感到無比完整。

妳給我們的愛照亮
每一個陰天
心知妳永不可能
棄我們於不顧。

母親如妳寥若晨星
難得一見

那是我愛妳的理由

那是妳的愛之於我的意義。

　　如我所說，詩是心靈的語言，而你將會被六十位偉大的靈魂
觸動，他們在另一個時空直接以書寫向你訴說。若你將這本書視
為與那些偉大靈魂的重新連結，將會大有收穫。他們的身體已離
開這個世俗物質世界，但精神仍舊與我們同在。

　　我鼓勵你用兩個月來讀完這本書，作為心靈的洗滌更新計
畫。每天只讀一章，接著有意識地在那一天運用書中給予的建
議。完成了六十天的計畫後，將這本書當作參考書。看看目次的
那六十個主題，當你需要耐心、悲憫、仁慈、冥思、寬恕、謙遜、
領導力、祈禱，或任何我們古聖先賢曾說過的話，就去讀那一章。
重讀文章內容，努力將那些建議應用到生活中。讓偉大的力量指
引你的生命！

　　對我而言，這是教人讀詩、散文和文學的方式。讓文字活過
來，讓它在你的心中閃耀，接著將那內在覺醒的力量加以活用。
我們所有人都對那些讓生活的脈搏跳得更快、更強壯的人深深感
謝。這些過去的偉人聖賢對我而言便是如此，因此我鼓勵你將這
些智者智慧的心靈語言運用到人生之中。

願神祝福你

偉恩・戴爾

〈冥想〉

學習沉默。

讓你

安靜的心

傾聽與汲取。

——畢達哥拉斯（Pythagoras，西元前五八○年至五○○年）

畢達哥拉斯為希臘哲學家與數學家，尤其喜歡與重量、測量及音樂理論有關的數學研究。

所有的痛苦，都源於無法安靜獨處。

——布萊茲・帕斯卡（Blaise Pascal，西元一六二三年至一六六二年）

帕斯卡為法國哲學家、科學家、數學家及作家，其論文對水力學及純粹幾何學有重大貢獻。

　　在這本精選集裡，這是我唯一選了兩位作家來呈現主題的一章。這兩位作家相隔超過兩千年，在各自的時代裡都被認為是數學和科學領域中最有學識的人。

畢達哥拉斯的著作影響了柏拉圖和亞里斯多德，對數學和西方理性哲學發展有極大貢獻。晚了畢達哥拉斯二十二個世紀的法國著名數學家、物理學家和宗教哲學家布萊茲・帕斯卡，被視為最有原創性的科學思想家之一。他發明了針筒、液壓機和第一台計算機。現今世界各地的科學課仍要教授與液體壓力變化有關的帕斯卡原理。

請牢記並時刻回想這兩位左腦科學家的名言。帕斯卡說：「所有的痛苦，都源於無法安靜獨處。」畢達哥拉斯則說：「學會沉默，讓你安靜的心傾聽與汲取。」他們都談到，無論是會計師或是下凡的神仙，生活中的「沉默」有其重要性，「冥想」有其價值。這些話傳遞了一個在我們的文化中不太受到鼓勵的珍貴訊息：在生活中創造獨處的時間極其重要。若想擺脫悲慘遭遇，就學著獨處並冥想吧。

據估計，每個人平均每天會有六萬個不同的念頭。問題是，我們今天擁有的六萬個念頭和昨天相同，明天還會重複。我們的頭腦每天都充滿了同樣的思緒，喋喋不休。學習靜心冥想就是找到一種進入你的思緒之間的空間的方法，或者我稱之為「間隙」。在你的思緒之間的這個靜謐的虛空中，有個場域是全然平靜的，是你平常無法察覺的。在這裡，你與萬物融為一體，沒有分離感。但是，如果你一天有六萬個風牛馬不相及的念頭，就沒有時間進入你思緒之間的空間，因為根本沒有空間！

我們大多數人的思緒都在日夜全速奔跑。我們的腦是一個大雜燴，充滿了行程、對金錢的憂慮、性幻想、待買清單、要穿什麼衣服、對孩子的操心、假日活動等，它們像永不停息的旋轉木馬般持續對話。這六萬個念頭通常與日常活動有關，導致我們的心沒有靜默的空間。

這種模式讓我們的文化更加相信，一旦對話（沉默）有了空白，就要迅速填補。對許多人來說，沉默代表尷尬和某種社交缺陷。因此，我們學會跳進去填補這些空白，無論是否有實質內容。車裡或晚餐時的靜默是尷尬時刻，會聊天的人知道如何用某些聲音來填補這些縫隙。

我們自己也是如此。我們沒有受過訓練，不懂如何處理沉默的時刻，只認為這種時刻麻煩而令人費解。因此，我們與內在對話時也用與外在對話的同一個模式。然而，畢達哥拉斯告訴我們，正是在那個靜默時刻，我們才更該讓自己的心靜下來傾聽和汲取。如此一來，混亂會消散，我們會有所頓悟。「冥想」也會影響我們在非靜默狀態下的活動品質。每天的冥想練習是一件為我的生活帶來更多幸福、活力的事，能讓我有意識地提升生產力、帶來更令人滿意的關係，以及與神更緊密的聯繫。

我們的心智就像一個池塘。表面所見的所有波瀾，只是池塘的一小部分。水面下靜默無息的深處，才是池塘真正的本質，也是心的本質。穿越表面，來到思緒之間的空間，便能進入「間

隙」。「間隙」是完全的虛空或寂靜，且不可切割。無論將那寂靜切割多少次，仍然只有寂靜。這便是「當下」的意義。或許這就是神的本質，無法從整體中分割。

至今大學課程中仍會教授這兩位先鋒科學家對宇宙本質的研究。他們琢磨能量、壓力、數學、空間、時間和普遍真理的奧祕。他們傳達的訊息非常簡單：如果想了解宇宙，或了解自己內心的宇宙；如果想知道這一切如何運作，那麼請靜下心來，與自己獨處，並層層深入內心深處，面對自己的恐懼。

有音符之間的空白，才有音樂。沒有那些空白、音符間的靜止，就沒有音樂，僅有噪音。你的內心也是寂靜的空間，這個空間被外在形體包圍著。為了突破外在形體，並發現內心具有創造力的本質，就要每天花時間靜下來，進入思緒之間狂喜的空間。不過，我把每日冥想寫得再有價值，都說服不了你。除非你決心去做，否則永遠都不會知道這個練習的價值。

我寫這篇談「冥想」價值的短文，並不是為了教人如何冥想。要學冥想，有許多優秀的課程、手冊和有聲教材可引導你。靈性追尋者可能會無視於生產力和社會責任，花數小時和數天進行深度冥想，但我的目的是強調：並非只有靈性追尋者才會冥想。那些以理性為信仰，愛好咀嚼數字、理論，並相信帕斯卡原理的人也很倡導冥想。你可能會認同帕斯卡說的：「我害怕無垠空間裡的永恆寂靜。」

以下是一些克服恐懼、學習靜默與安靜獨處的建議：

- 專注呼吸吐納，練習向內發覺靜默的自我。可以在會議、對話間、甚至聚會中練習。一天中可以多練習幾次，只要花幾分鐘專注跟隨自己的呼吸即可。

- 今天就給自己一些時間獨處，觀察自己的思緒。注意各種進出的思緒，以及思緒間的接續流轉。學習「意識」腦中的瘋狂脈動，可以讓人從一團亂的思緒中超然脫離。

- 閱讀一本關於冥想的書，了解如何開始練習冥想，或加入冥想團體。很多冥想教練和當地組織可以協助你開啟這條路。我的朋友兼同事狄巴克・喬布拉（Deepak Chopra）管理的喬布拉健康安樂中心（Chopra Center for Well-Being）位於加州拉霍利亞，中心有許多服務，冥想課程便是其中一部分。

- 市面上有很多CD教人冥想。找到自己最喜歡的一張專輯吧！我出過一張《顯化冥想》（Meditation for Manifesting）專輯，其中教了一種叫做JAPA的冥想方式。我以聲音傳遞神聖的音訊，帶領聽者完成晨間及夜晚的冥想。所有利潤皆捐予慈善機構。

〈真知〉

別相信你聽說的。

別盡信傳統，因為傳統已經過了幾個世代。

別相信人云亦云。

別盡信聖賢寫的經典。

別相信臆測。

別盡信權威、老師或長輩。

但若仔細觀察分析後，結論與道理一致，

那麼皆大歡喜，請接受並以此為鑑。

——佛陀（西元前五六三年至四八三年）

佛教是世界最大的宗教之一，創始者釋迦牟尼原名悉達多，是出生於印度東北部、接近尼泊爾邊境地區的王子。二十九歲時，他體會到即便最富裕和最有權勢的人，都逃不過痛苦和生老病死，於是他毅然放下現有生活，追尋更高深的真理。

「佛陀」的本意為「覺醒者」或「悟道者」，是後世對悉達多王子的尊稱。悉達多王子在二十九歲放下王子的生活，從此踏上追尋人生意義與解脫的宗教旅程。據說他無視當時禮教，透過冥

想得到覺醒並開悟。從那時起，他便擔起傳道授業的角色，為追隨者講授「佛法」，或說真理。

他傳的道成為佛教的基礎，在東方世界的精神、文化和社會生活中扮演重要角色，對西方世界也有很大影響。在本文中，我刻意選擇不寫到佛教教義，而是討論在這位開悟者圓寂的二十五個世紀後，這段經常被引用的佛陀經文對現今你我的意義。

上段引言的關鍵詞是「相信」，事實上應該是「別相信」。所有你存在內心、稱之為信念的東西，大部分是透過別人的經驗和驗證，而成為你的信念。如果這些都來自自身之外，那麼不管你接受的過程多麼令人信服、不管有多少和你一樣的人努力讓你相信這些信念，它終究是別人的真理，這代表你接受的時候是有問號或疑慮的。

如果我告訴你一種魚有多好吃，你聽到可能會有點懷疑。如果我給你看這條魚的照片，還有幾百人證明我說的是真的，你可能會比較願意相信。但因為你還沒吃過，所以還是會有一點懷疑。你可能會接受我覺得它很好吃這件事；但在你的味蕾品嘗到魚之前，你的「真理」只是基於我體驗過的真理而來的信念。你所屬群體中的善意人士和他們的前輩也是這樣產生信念的。

因為聽說過，而且是一個存在很久的傳統，幾世紀來都是如此，而且世界上最偉大的聖賢都認可，僅僅這些仍不應是你相信並接受的理由。記住佛陀所說的話：「別相信」。

與其說你「相信」，不如換成「真知」這個詞。當你有直接品嘗魚的經驗時，就真正知道了一件事。也就是說，你有意識地根據經驗來決定自己相信的真理。你知道怎麼游泳或騎腳踏車，不是因為你「相信」自己會，而是因為你有直接體驗。

　　兩千五百年前的「開悟者」提醒我們，靈修也可以得到同樣的經驗。「真知」和「知道」之間有本質上的差異。「知道」是「相信」的另一個說法，「真知」則是直接體會，代表沒有疑慮。我記得問過一位著名的卡胡納[1]（Kahuna）如何成為信仰治療師，他對我說：「在面對疾病的過程中，當『真知』與『信念』有所衝突時，勝利的一定是『真知』。」他解釋道：「卡胡納的成長過程，便是拋下所有疑慮，去追尋『真知』。」

　　耶穌也是一位偉大的治療師，這點我毫不懷疑。當耶穌遇見痲瘋病人時，他不會說：「現在我們在治療痲瘋病方面，沒有什麼成功案例。但如果你聽我的建議，接下來五年存活的機會可能會有百分之三十。」這種姿態顯然會引人產生疑慮。相反地，他以絕對真知的狀態說：「你已經痊癒了。」這與聖方濟各展現治療奇蹟的那種「真正知道」的意識狀態相同。事實上，所有奇蹟都是因為消除疑慮，並將疑慮轉化為「真知」。

1　譯注：卡胡納（Kahuna），夏威夷對於巫師或領域專家的稱呼，此處指的是巫師。

然而，身邊人的影響力是非常大的。他們不斷提醒你應該或不應該相信什麼、所有人一直相信什麼，以及如果你不相信就會發生什麼事。恐懼始終伴隨著你的信念，儘管內心可能有所疑慮，但卻還是經常在生活中一邊倚靠這些代代相傳的信念，一邊步履蹣跚地尋找擺脫這些陷阱的方法。

佛陀給了我們很好的建議，他的結論中並沒有「相信」一詞。他說「與道理一致」——意即從自身觀察和經驗明白道理為真時——只有當這個道理對所有人都好時，才能以之為鑑！

本書結合了歷來最著名、最具創造力的偉大心靈。他們的建議來自另一個時代，而我們對這些當代世界之外的話語所要做的，正如同我們對代代相傳的話語所做的一樣。首先，試試本書的建議吧！問一問自己，這個道理與自己的想法和常識是否相符，如果對自己和他人都有好處，那就以此為處世之道。也就是說，讓這個道理成為自己的「真知」。

要抵抗周遭的影響，通常會讓人覺得冷酷無情，對他人的經驗和教導不屑一顧，尤其是對那些最關心你的人。如果你正是這麼想的，那麼建議你再好好思考佛陀的話。他不是說要全盤否決別人的想法，而是說要成長，讓自己成熟到足以產生主見，依靠自己的「真知」來處世，而不僅是聽從別人的經驗和說法行事。

我們無法透過別人的努力學到任何事。如果不願意運用自己的「真知」來學習，那麼世上再偉大的老師也教不了我們任何東

西。師父領我們進門，他們讓道理像菜單一樣吸引人，最終目的是讓我們品嘗菜單上的菜色。他們甚至可以寫下菜單，但菜單終究不能吃下肚。

為了讓智慧發揮作用，我在自己的菜單上提供這些開胃菜：

- 請列出想到的信念，愈多愈好。包括對宗教、死刑、少數族群的權利、輪迴、年輕人、老人、非傳統醫學、瀕死經驗、文化偏見、創造奇蹟的能力等的態度。
- 用這份清單誠實地展現出我們深信的信念中，有多少是自己的生活經歷，有多少是別人給的。在相信某些道理之前，努力敞開心扉去真實體驗，然後運用於生活中。
- 讓自己站在熟悉信念的對立面，設身處地體驗不同立場。你愈能允許自己去體驗這些「對立」經驗，就愈能擁有自己的「真知」。
- 對於強加「為你好」在我們身上的人，拒絕與他們陷入爭執。換句話說便是，對於不認同的事或明知不適用在自己身上的事，無須付出我們的能量！

〈領導力〉

太上，不知有之；其次，親而譽之；

其次，畏之；其次，侮之。

信不足焉，有不信焉。

悠兮，其貴言。功成、事遂，百姓皆謂：我自然。

——老子（西元前六世紀）

老子寫下《道德經》，講述萬物之道，也是道家的中心思想。

　　我經常對很多政治家有了公職便稱自己是「領袖」感到詫異。從歷史來看，顯然公職人員很少是帶來改變的真正領袖。舉例來說，文藝復興的領袖是誰？是公職人員嗎？是歐洲首都的市長、州長和總理嗎？完全不是。

　　領袖是藝術家、作家和音樂家，他們傾聽內心和靈魂的聲音，並將聽見的表達出來，引領他人發現內在的共鳴。最終整個世界都會以一種新的覺知傾聽，人類之所以能戰勝暴政，便歸功於這樣的覺知。真正的領袖很少是頭銜響亮的官員。

　　想想自己擁有的頭銜，以及你花了多少努力讓自己名實相

符。你可能有「母親」或「父親」的頭銜，這是個了不起的責任。孩子們尋求你的建議，是因為認為你是家中的領導者。但請記住，你真正希望他們說的是「我是自己完成的」，而不是歸功於你。透過不斷警惕自己，明白頭銜並不是成為領導者的原因，才能夠提高領導力。真正的領袖靠的不是頭銜。自我中心的人才喜歡頭銜！

幫助別人成為領導者，同時發揮自己真正的領導力，代表必須努力不受「小我」的影響。真正的領袖享受的是他人的信任，這與享受特權、奉承和權力等這些自以為是的領導標誌是截然不同的。必須先信任他人，才能獲得信任。

堅持要別人按自己的方式去做或擺高姿態時，千萬注意了。老子告訴我們，這種領導態度最沒有效率，也最被唾棄。若是用「不按照我的方式做，我就會懲罰你」之類的話來建立領導風格，可能只會製造恐懼。老子告訴我們，用恐懼來領導的人不能成為好的領袖。而依據老子的說法，如果領導者一味給獎勵，那也仍舊不是好領袖。這種風格的領導者可能會說：「如果按我想要的方式去做，我就給你獎勵。」真正的領袖在整個過程中，會以讓人難以察覺的方式來引導。當其他人尋找自身的道路時，這樣的領導者會給予信任、鼓勵和祝福。

當立法者告訴我們，我們需要什麼，或者用恐嚇的方式說會有嚴重後果，或者試圖讓我們欽佩他們的帶領時，他們便不是真

正的領袖。真正的領袖必須讓自己保持沉默，聆聽人民說：「對，我們靠自己創造了這個偉大的經濟體。」

我們也一樣。要在自己和他人的生活中成為真正的領袖，便要練習拒絕那種希望自己被認可的需求。領導無須張揚，要盡可能給予信任。笑看自己想邀功的欲望，聽見別人說：「喔對，我們靠自己做的！」時，你將心知肚明，自己確實擁有了領導力。以下是老子的智慧給我們的建議：

- 行動之前，停下來問自己，即將說出口的話會帶來的是厭惡、恐懼、欽佩，還是自我覺察。請選擇培養自我覺察。
- 愈想成為真正的領袖，就愈要懂得靜觀的效益。注意誰在做對的事！
- 「小我」那一部分的自己，會指出自己的失敗。要察覺這點，才不會在沒有得到讚許時認為自己失敗。提醒自己已經是成功的領導者，並善意地讓「自我」明白這就是通往成功領導者的途徑。

〈耐心〉

無欲速，無見小利，欲速則不達；
見小利，則大事不成。

——孔子（西元前五五一年至四七九年）

孔子是中華文化的導師與思想哲學家，深深影響了兩千多年來的中華文化與生活方式。

　　這段話來自至聖先師孔子，我將這段話貼在打字機上，每日默默提醒著自己，不要做任何會妨礙「大事」的事情。就我看來，我們可以從自我的內在學習到許多事，了解是什麼阻礙自己變得更偉大。然而，因為我們傾向隨思緒而動，經常忽略了自己的內在。

　　「耐心」是自然界和我們人類世界運作過程中的關鍵因素。舉例來說，如果我擦傷手臂或骨折，身體會準確地按照自己的速度癒合，不會受我的意見影響。這就是自然界的運作，我希望它快點好是完全沒有用的。如果我讓自己不耐煩，只會讓它好得更慢，與孔子在二十五個世紀多之前說的一樣。莎士比亞這段話正好與孔子不謀而合：「沒耐心的人真可憐！哪個傷口不是一點一

點慢慢好起來的？」

我記得小時候，曾在春天時種下一些白蘿蔔種子。初夏來臨時，我注意到綠色的嫩芽冒了出來。我看著它們每天長高一點點，最後再也等不了了，便開始拉那些蘿蔔芽，想讓它們長得更快。我還不懂大自然有自己揭示祕密的時間表。我拉出小葉子，它們從土裡冒出來，卻沒有蘿蔔。我孩子氣地急著想讓它長快一點，卻反而阻礙了它的生長。

有人問我是否會因為新書不像之前的書一樣名列暢銷排行榜而覺得失落，我想起這位中國先師的一句話：「好事多磨。」孔子離世兩千五百年後，後人還在引用他的話，運用他的思想，這是多大的肯定！我也在為那些尚未出世的靈魂書寫，即便要犧牲當下列入某份榜單的微小好處也無妨。我沒耐心的「自我」可能會感到困惑，但我的內在很滿足！

《奇蹟課程》（*A Course in Miracles*）中有一句話讓被「自我」囚禁的人覺得困惑，因為那看似是矛盾。這句話是這樣的：「有無盡的耐心，才有立竿見影的成果。」這句話正呼應著兩千五百年前的上述智慧。「無盡耐心」講述的是信仰或絕對真知。如果對自己所做的事完全沒有懷疑，知道在做的事與目的一致，且自己正在完成一件大事，那麼就能夠淡然處之，並與自己的宏大使命和諧共存。那種平靜的感覺是「立即的結果」，是一種開悟的幸福狀態。因此，「無盡耐心」會將我們帶往一個信仰境界，相

信欲速則不達。我們不再需要馬上看到結果，如同我們知道割傷、擦傷和各種傷口都會依其內在的速度癒合，而不會聽從那個不耐煩的「自我」指揮。

這種「真知」對我的寫作和一生的工作助益很大。面對孩子，我不會過度在意一時的考試成績或表現不佳，因為我可以全盤看見他們的人生。中國有句話說（也許是受孔子啟發）：「有了時間和耐心，桑葉也會變絲綢」，我也將孩子們看成正在成形的絲綢。我們當然喜歡此時此刻的小優勢，然而我也知道，任何眼前的挫折都不會對他們有損，只會使他們更強大。

不耐煩會滋生恐懼、壓力和沮喪。耐心展現的是自信、果斷和平靜的滿足感。審視自己的生活時，想想我們多常要求自己和他人要立刻成功，而不是著眼於更大的願景。當有了目的，並能看到更大的願景，便能對眼前的功績徽章和掌聲放手，不再尋求這類肯定。

我成癮和戒癮的經歷可能與你的某些生活處境相似。有癮的時候，我會想著要戒掉成癮的物質，如咖啡因或酒精，接著我會用「小利」來獎賞自己，比如做到一天不喝酒時，我會鬆懈地用可樂或啤酒慶祝。但聚焦在自己微小的成功上，反而阻礙了我徹底戒癮。當我對自己培養出無限的耐心，便能將一切交給神，想起即便在我最低潮的時候，神都完美地與我同在。有了無限的耐心，我便能看見那些有毒物質對我達成最高目標和人生使命的阻

礙，於是能將那些癮頭拋諸身後。

毫無疑問，我所有對戒癮的想法，所有的嘗試和失敗——孔子說的那些「小利」——都是淨化過程的一部分。對自己保持耐心，我才能耐住性子面對那些小小的成功，不會使它們阻礙更大的成就。我讓這個過程順其自然，今日我才能清楚看見擺脫急躁如何讓我有能力達到從未想像過的境界。我才不會一直慶祝自己的「小利」，然後又再次失敗。如果你喜歡這種矛盾，你一定會喜歡這兩個看似自相矛盾的說法：「有無盡的耐心，才有立竿見影的成果」和「腳踏實地才能創造永恆的成果」。

想要知道不耐煩會為生活帶來多少荒謬的結果，你可以把手錶調快幾個小時，再撕掉幾個月的日曆，看看自己的時間有沒有過得比較快！失敗、挫折，以及速成，都是成就一切的一部分。觀察自然（自己的內在和周圍自然界），你會發現必須讓傷口以自己的速度復原；要吃無花果，就必須先讓它開花、結果、熟成。相信自己的內在，放下想要速成的渴望。

要達到這個目標，就要這麼做：

- 放棄用速成標準來評估自己成功與否。如果內心深處知道自己的使命比眼前的成就高得多，便能讓自己從那些愚蠢的現有成果中解脫。如果「贏在起跑線」的念頭模糊了參加比賽的願景，就可能是很大的劣勢。

- 不要以五分鐘，而是以五個世紀為單位來思考自己在做的事。為五百年後的我們努力，那麼重心便會從眼前的成就轉移到更遠大的事情上。
- 無論成功還是失望，都要對自己有耐心，如同神一直同在一樣。當你把問題交給與你相連的更高權威，便能夠立即轉換到擁有無限耐心的「真知」狀態，不再只看著今日的小成就。

〈啟發〉

當遠大的目標、卓越的計畫帶來啟發，

思維將打破束縛、超越限制，意識向各處擴展，

接著便會發現自己置身於一個偉大、美妙的新世界中。

蟄伏的力量、才能和天賦都甦醒過來，

你將發現自己比夢想的還要強大。

——帕坦伽利（Patanjali，約西元前三至一世紀）

《瑜伽經》的作者帕坦伽利生於印度約西元前三至一世紀，公認是創造了冥想傳統的人。他被譽為神祕主義數學家，以及佛教世界的愛因斯坦。

　　約莫西元前二世紀，一位被視為是聖人的智者寫下了印度經典《瑜伽經》，其化名為帕坦伽利。在這本書中，他將瑜伽思維分為四品，分別為「三摩地（超越）品」、「修行品」、「神通品」和「解脫品」。

　　許多人認為他的神祕話語、經書或方法能讓人認識神，並達到更高的意識層次。這個原始根基能樹立精神基礎，使自己從身體和小我局限中得到解脫。

我選擇帕坦伽利的這段話，是因為這段話是跨越時空距離的真理。我想讓你跟著我一步步體驗帕坦伽利的話語，並同時提醒自己，直至今日仍有數百萬人研讀這位聖者的話，至今仍認為他是教給我們智慧的神聖化身。他說當我們真正受到不凡事物啟發，我們身上就會開始出現真正不凡的事，尤其是我們的思維。當我們全心投入真正喜歡的事，我們的思維便會開始以某種方式產生變化，不再有受到某種限制的感覺。

　　從我的個人經驗來說，我覺得與聽眾對談和寫作是我生命中最「有目標」的時刻。在那些時刻，我有一種「被使用」的深刻感受，彷彿在生產對話或書籍的不是這個名叫戴爾的肉體。在那些時刻，我發現自己的腦海裡沒有限制的概念。我知道我並不孤單，神聖的指引與我同在，因此我說話或寫作都毫不費力。在那些時刻，我感覺身體和心靈處於和諧狀態。有人將這種狀態稱為「物我合一」，也有人說是「巔峰體驗」。帕坦伽利描述這個狀態是「意識向各方擴展，接著便會發現自己置身於一個偉大、美妙的新世界中。」

　　閱讀這段文字時，請記住這個忠告歷久不衰。即便是生活在前前前現代時期的人，也知道有人生目標是很重要的。在巔峰體驗的時刻，受到啟發而感受到與神和整個宇宙合而為一的時刻，你會感覺人生真的很美好。當你達到「受啟發」的境界時，就會有這樣的感受。你不再將注意力放在出錯或缺失的地方，而是著

重於靈性世界給你的平衡。你與自身靈魂共同創造美好，換句話說，你正在經歷靈性啟發的時刻。

在靈性啟發的優雅時刻，帕坦伽利接著談到了我認為最妙不可言的那一面。他告訴我們：「蟄伏的力量、才能和天賦都甦醒過來。」這意味著，許多我們認為超出自身顯化能力範圍的事，會從內在覺醒。我發現當自己受到啟發真正投入某些不凡的計畫時，即便睡眠不足也不會覺得疲勞。我發現自己會忘了飢餓，而身體似乎也真的停止了所有需求，轉變成一種足以讓我毫不費力完成工作的狀態。專注工作的時候，即使一天內跨越了八九個時區，時差也不存在。

如果沒有起而行，從生活中獲取啟發，那麼帕坦伽利所描述的這些才能和天賦就會處於蟄伏狀態。我認為「蟄伏的力量」非常重要。當處於有目標的狀態，你就能激發出宇宙中本來超乎自己掌控的力量。你需要的一切會出現。合適的人及時出現了，電話打來了，失去的也回來了。你能掌管人生的機緣，雖然這聽起來很矛盾。但當靈性受啟發，套句古老的禪宗諺語：「當學生準備好了，老師就會出現。」

從「我能給予什麼」的心態出發來說話或寫作，並忘卻小我時，我永遠不會感覺「卡住」或「文思枯竭」。只要我（小我）完全超乎物外，便似乎能知道方向。帕坦伽利提到全心投入給予靈魂目標的計畫時，「蟄伏的力量」便會受神性力量啟發。只要沒

有「小我」的干擾，這個受啟發的計畫就能吸引外部力量。接著如同帕坦伽利所說的，「你會發現自己比夢想的都要強大。」不凡！歌德曾寫道：「人不是生來解決宇宙問題的，而是來找出自己要做的事的。」我再加以補充：「並以靈性來探求。」

如果不確定自己有沒有能力超越限制，啟動「蟄伏的力量」，那麼只要以開放的心胸想想這位世界級偉大精神導師的建議就夠了。閱讀他的每個想法，如同他正在直接對你說話一樣。你的內在有一個比你想像中更了不起的人。帕坦伽利說，當有了不凡的啟發，那個人便會出現。接著，你的下一個問題很可能是：「但如果我不知道要做什麼呢？該怎麼找到目標？」

請記住，你的任務並不是問「怎麼找」，而是「敞開心胸去做」！敞開心胸體會這段古代《瑜伽經》的說法，並相信其中的道理。問問自己：「我什麼時候最有成就感？我什麼時候會覺得自己很棒，很像一個厲害的人？」無論答案是什麼，你都會發現答案與服務別人、服務地球或宇宙、或服務神有關。當你消除小我，願意去投入並獲得啟發、參與一項不僅是為了自我的不凡計畫時，你就會知道該怎麼做。

要親身實踐帕坦伽利強而有力的想法，請嘗試以下做法：

- 以某種形式記錄生活中最令你精神振奮（受到啟發）的事。不要認為這些事太微不足道或沒價值。無論是跟小寶

寶玩、園藝、修汽車、唱歌或冥想，把這些事情統統記錄下來。

- 用這個清單來檢視世上有哪些人的工作是每天都在做這些事。無論喜歡什麼，都可以變成一件不凡的事，能讓你擴展生活各個方向的自覺。運用你新的力量和潛能，它們會向你傳送訊息，告訴你你是一個比自己想像中更棒的人。

- 只要傾聽內在的聲音就夠了，它會召喚你去做那件不凡的事。略過那些認為你的人生應該怎麼做的意見，關鍵是從「**內在**」得到啟發，而不是「**外在**」，否則就不是真正的啟發了（outspired）！

- 記住愛默生的話，去打破對自己和人生目標的既有束縛。「心理健康的標準是，無論身處何處都能發現美好事物。」嘗試一下，看看是否能讓才能和天賦活過來。

〈勝利〉

人類的六大錯誤思維：

一、認為要摧毀別人才能獲取個人利益。

二、為不能改變或修正的事擔心；

三、因為自己做不到，就認為某件事不可能；

四、拒絕捨棄不重要的個人偏好；

五、沒有養成閱讀和研究的習慣，忽略心智的成長與鍛鍊；

六、企圖強迫別人的想法及生活方式要和我們一樣。

——馬庫斯·圖利烏斯·西塞羅（Marcus Tullius Cicero，西元前一〇
六年至四十三年）

西塞羅是羅馬最偉大的演說家和文人，也是最善於雄辯
的哲學家。羅馬共和國末年也經常被稱為「西塞羅的時
代」。

當我想到兩千多年前，我們的祖先走在同一片土地上、呼吸
著我們呼吸的空氣、望著我們在夜晚望見的星星、敬畏著我們每
天看見的太陽、談論和書寫著我們今日同樣關心的議題時，便會
為他們令人懾服的智慧讚嘆。讀到他們試圖對當時的世人，以及
我這個幾千年後出現在同一個星球上的公民所說的話時，我與他

們之間有了深刻而奇妙的聯結，令人驚奇又感到不可思議。

西塞羅曾被稱為羅馬共和國之父，他是生於耶穌誕生之前的卓越演說家、律師、政治家、作家、詩人、評論家和哲學家，周旋於龐培、凱撒和布魯圖斯之間。他們和其他許多歷史人物及事件糾葛，譜出了整部古羅馬的歷史。他的政治生涯很精采也很長，被視為是當時最有影響力的著名作家。然而，在那個時代，異議人士不會被善待。他於西元前四十三年遭處決，頭顱與雙手被掛在羅馬廣場的演說台上示眾。

西塞羅最為人所知的一篇文章裡，闡述了他在古羅馬時代看見的六種人類的錯誤。二十個世紀後，我在此複述一遍，並加以簡短說明。我們仍然可以向遠古的祖先學習，而我相信呼應西塞羅提出的人類六大錯誤並不會讓我被斷頭斷手，懸掛在國家演講台上示眾！

錯誤一：認為要摧毀別人才能獲取個人利益。不幸的是，這個問題今天仍然存在。許多人覺得挑別人毛病便能提升自己的重要性。我最近在電視上看見一位很成功的國際知名講者。他的姿態便是：「我比任何人都好，沒有人比我更能告訴你們如何生活。不要聽那些光會說好聽話的人，他們全都不如我。」我不禁想起西塞羅說的第一個錯誤。

有兩種方法能夠擁有城裡最高的建築，一種是四處毀損別人的建築，但這種方法很難持久，因為建築物被破壞的人一定會回

來找你麻煩。第二種是努力蓋自己的建築，看著它愈來愈高。在政治、事業和我們的個人生活中就應如此。

　　錯誤二：為不能改變或修正的事擔心。顯然古時候的人們會花力氣擔心無法掌控的事情，而現今也是如此。一位老師簡潔有力地告訴我：「首先，擔心無法掌控的事情毫無道理，因為如果你無法掌控，那擔心也沒有用。其次，擔心你可以掌控的事情也毫無道理，因為如果你能掌握，那根本就不用擔心。」如果要擔心的話，每件事都可以擔心。不是能掌控，就是不能掌控，無論如何，擔心都是極大的錯誤。

　　錯誤三：因為自己做不到，就認為某件事不可能。我們許多人仍然沉浸在這種悲觀主義裡。我們常常會因為看不到解決方法，便直接跳到結論，認為某件事不可能。我聽過很多人說，天使、輪迴、靈魂出竅、與逝者溝通、星際之旅、基因手術、時光機、光速旅行、自癒奇蹟等都是不可能的，而這僅只是因為他們無法想像。

　　我好奇在西塞羅的時代，有多少人能預見電話、傳真機、計算機、汽車、飛機、導彈、電力、自來水、遙控器、漫步月球，以及許多我們今日認為理所當然的東西？最好記得這句話：「沒有人夠有資格成為悲觀主義者！」我們今天無法理解的事物，將成為兩千年後居住此地的人理所當然的現實。

　　錯誤四：拒絕捨棄不重要的個人偏好。我們許多人都會堅持

生活中不重要的事情。我們讓寶貴的生命能量浪費在擔心別人怎麼想我們、擔心外表、擔心自己被貼上了什麼標籤。我們的生活在與家人或同事的爭吵中痛苦地度過，對話總是華而不實。「小我」成為我們生活的驅動力，一切都圍繞著自我的重要性打轉。

我們知道地球上有飢餓和困乏，而餐廳裡有一半的食物都會被當作垃圾丟棄，但要我們在餐廳多等五分鐘才有位置時，卻會變得不耐煩。我們聽過成千上萬個孩童在槍口下殘廢或死去，但卻用我們無能為力當作理由默默接受。在我們的生活中，太多人相信我們無法在更大的問題上有所作為，所以我們沉浸在自我滿足的瑣碎追求中。

錯誤五：沒有養成閱讀和研究的習慣，忽略心智的成長與鍛鍊。我們似乎以為完成正規教育後，自己的心智發展便完成了。我們認為閱讀和學習的目的是為了考試，而勳章便是文憑或更高的學歷。一旦文憑到手，就不需要再學習和提升心智了。西塞羅一定是注意到當時的羅馬市民也有同樣的心態，於是警告他們這可能是帝國垮台的前兆，而這一預言也成真了。

沉浸於文學和心靈書寫能大大地豐富我們的生活，不是因為要考試，而是純粹為了豐富個人體驗。你會發現，每天的閱讀和學習能讓你在人生各方面有更深刻、更豐富的體會。當你知道自己做這件事是一種選擇，而不是做作業時，收穫尤其豐厚。

錯誤六：企圖強迫別人的想法及生活方式要和我們一樣。顯

然，我們仍然在犯這第六個錯誤。我們很常感覺到別人硬要告訴我們該做什麼、該如何生活，結果帶來了高度緊繃和埋怨。沒有人想要他人指導自己如何生活或該做什麼。高效人士有個特徵，那就是他們不想、也不會控制他人。我們要提醒自己這個事實，並聽取伏爾泰在《老實人》最後一句的建議：「學會顧好自己的園子。」

如果別人想種高麗菜，而你選擇種玉米，那就這樣吧。然而，有一種人會窺視他人生活，並堅持認為別人跟自己的想法和在乎的事情是一樣的。家庭中常見的一個錯誤便是將自己的想法強加給家中的其他人。這也是政府官員的常見錯誤，因為他們認為自己的決定對大家最好。如果西塞羅的六個錯誤也存在於你的生活中，請參考以下六個建議：

- 把重心放在自己的人生，以及如何改善人生上。當發現自己習慣在口頭上打擊他人時，請立即停止。愈能夠意識到自己在拆別人的建築，就能愈早開始蓋自己的高樓。
- 覺得擔心時，便問問自己：「我能做什麼？」如果這件事不在你的掌控範圍內，那就寬心吧！如果有什麼可以做的，那就換個方向，努力執行那個策略。學著問這個問題可以讓你放下擔心的習慣。
- 遇到你覺得無法解決的問題時，請提醒自己，這只不過是

正在等待一個正確的解決方案而已。如果你看不見解決方案，請開始尋找誰能解決問題。總有人可以從「可能」的角度來看待它，而不是「不可能」。請把「不可能」從你的字典中完全刪去。

- 給自己指派任務，處理你認為所有人都在面臨的、最重要的問題。為了這個更偉大的任務，請放棄一些放縱自我的活動，並提醒自己，你的一己之力對解決重大社會問題有某種程度上的影響。

- 每天給自己時間閱讀心靈書籍，或者在空閒、也許是開車時聽聽心靈課程。養成習慣參與各種自我提升、鍛鍊心智的研討會或講座。

- 顧好自己的園子，放下檢視和評斷他人如何耕種自家園子的念頭。意識到自己陷入談論別人應該如何生活的八卦時，要擺脫指點別人該如何做，或他們無權那樣做、那樣想的念頭。保持忙碌並投入自己的生活和追求，你將會因為太忙而無暇顧及他人，更別說強迫他人和自己有一樣的想法和生活了。

古羅馬的偉大政治家、演說家、作家和哲學家西塞羅為我們上了一堂生活課。不要犯下幾個世紀以來人類一直在犯的錯誤。相反地，要誓言有一天要讓它們從生活中一個個消失。

〈童真〉

如果你們不回轉，變成像小孩子一樣，一定不能進天國。

——耶穌基督（西元前六年至西元三〇年）

耶穌是世上最主要的宗教領袖之一，在《舊約聖經》中
被基督徒視為救世主「彌賽亞」。

最近，為了到一個很遠的小鎮演講，我坐在書桌前準備資
料，直視牆上的鏡子時，我有了個奇怪的體驗。這整面牆是一面
巨大的鏡子，我邊寫筆記時，每次抬頭，就會看見這個身體也回
望著我。最後我乾脆停下來，凝視回去。我無法相信那是鏡子裡
的我。我記得我對自己說：「那是一個借用我的臉龐的老人。」

我凝視鏡中時，想到了活在我們體內的無形存在。這個存在
沒有界線或形體，因此也沒有開始或終點。這個無聲無形的見證
人超越年歲、永恆不變，是我們每個人內心永遠的孩子。正是作
為永恆的孩子時，我們就成了天國的同義詞，而天國代表了永
恆，在這裡，形式和界線、開始和結束、起起落落，都毫無意義。

天國沒有疆界、周長、邊際和區塊。相反地，它代表的是超
越界限之外，就和耶穌觀察到的孩子一樣。那個孩子始終存在，

不會衰老，但卻注視著——始終注視著我們。看著那下垂的眼瞼，皺巴巴的皮膚，銀白的頭髮。果然，這些日子以來，是個老頭子借用了我的臉龐！

我內在的不老孩子，我永恆不變的觀察者，它不懂評判和仇恨。沒有什麼可評判的，沒有人可恨。為什麼？因為它不看外表，它只知道用愛去看待每件事和每個人。這就是我所謂的絕對「順勢者」。它只是讓一切順其自然，只去注意到遇見的每個人身上的神性。這個不老的孩子沒有形狀、大小、顏色或個性，它也不去注意這些微不足道的區別。它不存在於任何人為的界限裡，不屬於任何種族或文化認同，因此不可能對這些人為的分界發起戰爭。因此，那個無形的不老孩子總是處於平靜狀態，只是見證著、觀察著，但最重要的是——順勢而為。

最近某次晨跑的時候，我感覺精神特別抖擻，晨跑結束繞回酒店時，我跨過一百公分高的柵欄。妻子看見後大叫：「不要這樣！你已經五十六歲了，這樣跳柵欄會摔死的！」我的第一反應是「哦，我忘了。」那個永恆的觀察者，那個無形體、超越年歲的我，一瞬間竟忘了自己活在一個活了半個多世紀的身體裡！

對我來說，耶穌在《新約聖經》中的這段話，描述的是忘卻形體是我們主要身分這件事——忘記我們的種族身分、我們的語言、文化標籤、眼睛的形狀，或者在哪個疆界中長大，然後回轉成小孩子，小孩們不受這些分類方式的影響。耶穌並不是說我們

應該要幼稚、變得不成熟、沒有紀律、沒有教養。他指的是像個小孩般，沒有偏見、有愛心、懂得接納，不對任何人事物貼標籤。

我們能夠像小孩子一樣時，就會發現每個大人的內在都有一個孩子，那個孩子非常希望被注意到。小孩子很滿足，大人卻經常感到空虛。小孩子的滿足表現為和平、愛、不評判和順勢而為。成年人的空虛會藉由恐懼、焦慮、預設立場和爭鬥表現出來。我們可以將靈性啟發視為一個過程，讓我們記起孩子的內心是純真的。這種純真而神聖的愛和接納，是通往天國的門票。做每件事都要像孩子一樣，把這當成你的人生目標之一吧！

天才身上的特質與孩子的好奇心一樣。天才和小孩都願意去探索，不想著失敗，也不擔心批評。我認為耶穌這段話的關鍵詞是「回轉」，告訴我們永遠都要保有完美、善良、愛心，並永恆不朽。這個小孩存在於每個人體內，不會衰老或死亡。我們希望「回轉」成為那溫柔、沉默的見證者。我們要轉換為天真但富有想像力的神祕主義者，像孩子一樣天生具有靈性。如果我們這樣做，就會變得像孩子一樣，丟棄那些阻礙我們進入永恆天國的幼稚成人做法。

那個國度現在就在這裡，在這地上，如同在天國。你要做的就是「回轉」，方法如下：

- 盡可能多花時間觀察小孩。當你這麼做，請召喚你內在那

個喜歡和他們一起玩的孩子。古代思想家赫拉克利特（Heraclitus）曾說：「像孩子玩遊戲那樣認真時，是人最接近自己的時候。」當回轉到天國時，要更加像個小孩、有玩心、愛心和好奇心。

- 當你發現自己嚴肅而乏味時，提醒自己內在的無形觀察者正在觀看著自己陰鬱的一面。那個旁觀者也很陰沉嗎？你很快就會發現，那個孩子般的見證者會用全然不同的眼光來看待一切，接著你便會想要立即「回轉」。

- 做出「我永遠不讓老人住在我體內」的決定。你的身體也許會被年老的軀殼借去，但那個注視一切的永恆、無形觀察者會保有童心、天真，並以堅定的態度，準備在約定的時間進入天國。

〈神性〉

你是內在神性那獨特的一部分。那麼，為何你不知道自
己的誕生是如此高貴？為何你沒想過自己從何而來？為
何你吃東西時不記得，這吃東西的人是誰，而你又餵養
著誰？你不知道自己餵養的是神，行使著神聖的力量
嗎？神無處不與你同在。

　　　　人困擾的不是事件本身，
　　　　而是他們對事件的看法。

──愛比克泰德（Epictetus，西元五十五年至一三五年）

愛比克泰德是一位希臘斯多噶學派哲學家，也是被解放
的奴隸。他沒有著作傳世，但學生阿里安（Arrian）將他
的核心思想記錄在一本手冊中。

　　多年前我接受諮詢心理學的培訓時，愛比克泰德對我有所啟
發。在心智影響情緒和行為的研究中，他的名字反覆出現，理性
情緒療法的文獻中也不斷提到他。這個人的智慧讓我留下深刻印
象，他出生於基督被釘上十字架後的西元一世紀，生來即為奴

隸，於西元九〇年成為自由人，並被他批評施暴政的專制皇帝逐出羅馬。多年後，我深入研究這位斯多噶派哲學家的主要著作，讀了他的《語錄》(*Discourses*)，對他的哲學思想有了更多了解。

我在此處引用的兩段摘文是有近兩千年歷史的寶貴精神和哲學見解。之所以將它們選入本書，是因為我相信它們可以像豐富我的生活那樣，豐富你的生活。

較長的那段第一句是：「你是內在神性那獨特的一部分。」愛比克泰德提醒我們，我們經常忘記自己有這份神聖的光輝──「神的一部分」。這個想法很有力量，但並不容易理解。而出身奴隸的愛比克泰德卻很堅持，這就是真理。想像自己充分意識到上帝總是伴你左右吧。

若神無處不在，那就沒有神不在的地方，包含你的體內。一旦了解了這層連結，你便能重新獲得源頭的力量。不再視自己與神的神奇力量無關，而能體察自己的神性並重獲神的所有力量。吃東西的時候，你是在攝取著神，滋養著神。睡覺時，你呼吸著神，並讓神休息。運動時，你藉著神移動，並加強神的體力。

讀到這些時，你可能已經明白了，但和許多人一樣，你可能不是從小就有這個觀念。更廣為接受的神的形象是這樣：神是空中的一座巨大的自動販賣機，以滿臉白鬍的男性形象坐在寶座上。投進祈禱形式的代幣，神有時會掉出貨品，有時則不會。這是將神與我們自己分開的想法。愛比克泰德建議我們從「宇宙主

宰」的想法，轉而理解自己就是神的主要作品，是神的一部分。

　　賽・巴巴（Sai Baba）是當代印度上師，他知道並以身作則地活成神的神聖火花。他是神的一部分，神也是他的一部分。他在公開場合用許多方式展現自己的神性，其中之一是顯化魚和麵包的能力。一位西方記者問賽巴巴：「你是神嗎？」他輕聲答道：「我是，你也是。你和我之間唯一的不同是，我『知道』這件事，而你不知道。」當明白自己就是神的顯化，你已經有意識地與神連結，並知道自己和他人都是神聖的。這便是兩千年前在羅馬和希臘的愛比克泰德告訴我們的事。相信你的神性，永遠不要質疑「真我」的高貴，並以對神的敬畏來對待自己。

　　愛比克泰德發現的第二件事聽起來很簡單，但可能是對我的人生最有用的資訊。干擾我們生活的是我們對事物的看法，而不是事物本身。若知道沒有人可以讓我們心煩意亂，沒有任何事可以讓我們痛苦，明白我們能透過決定如何看待事物、事件、他人及他們的想法，來掌握自身感受，這是多大的解脫啊。

　　我在多年前曾是學校顧問，當時我經常運用這個智慧。學生為別人說的或做的某件事不開心時，我會問：「假如你沒聽到他們說的那些話，你還會難過嗎？」學生總會這麼回答：「當然不會，如果我不知道的話，怎麼可能會難過？」於是我便會婉轉地說：「所以讓你不開心的並不是他們說的或做的事。這件事發生後，你並沒有不開心，是因為知道了，才決定被這件事影響。」

於是學生便能開始意識到「**未經我們的允許，沒有人能讓我們不開心**」這個道理。

愛比克泰德的這兩個珍貴的道理對我的人生及寫作有很大的影響，我很喜歡每天提醒自己這些寶貴的道理。我與你們分享，是因為這些道理對我來說無比重要。愛比克泰德的精神思想可以與這句古老的梵文諺語結合：「神在礦物上睡覺、在植物裡甦醒、在動物裡行走，在你的身體裡思考。」換句話說，神可以在任何地方睡覺、甦醒或行走。神存在於宇宙萬物，祂不是人，而是一種存在，而這個存在在你的體內思考。

那麼你該如何思考？用神的存在來實現自己思維的無限可能吧！讓你不安或不自在的並不是事物、事件、環境或別人的想法，而是你如何運用內在的神，運用那股無形的能量，來處理那些決定你快樂與否的極端事物，僅此而已！理解神就在自己體內、與你同在、在你的身前身後、在你周圍，你便能感受到神無處不在，尤其存在於你對事物的想法中。要充分運用這兩個古老卻又現代的道理，開始這麼做吧：

- 每天提醒自己，你是神聖的存在，值得被別人和自己好好對待。了解自己與神相連，而不是分開的，便能對自己更加崇敬。

- 規律地以儀式確認神存在你的體內及你的所作所為中。享

用並感謝食物，並提醒自己你正在餵養體內的神性。同樣的，運動時，也請想像神的能量存在於你體內的每個細胞裡。

- 感激你所得到的一切，包括雨水、空氣、陽光和風暴，無論它們顯化為什麼狀態。感恩能夠讓人發現神存在於萬物之中。

- 放下所有把自己的不愉快怪罪於外在環境的想法。覺得煩擾時，問問自己：「我要怎麼改變對這些事情的想法，才能消除那種不快？」然後努力去做，直到不再想去怪罪為止。如果你願意拋下責怪，如兩千多年前的愛比克泰德所鼓勵我們的，體會神的存在，便能夠穩定地達成目標。

〈開悟〉

開悟前，砍柴挑水；開悟後，砍柴挑水。

——禪語

禪宗西元六世紀起源於中國，十二世紀在日本蓬勃發展，
強調用最直接的方式開悟。

　　當我鑽研更高層次的「覺知」和所謂的「開悟」，這句簡單
的禪語總能讓我感到愉悅。我們想到抽象難懂的「開悟」時，通
常指的是透過正確的靈性修煉和勤奮努力，某天能達到的一種意
識狀態。我們期望一旦自己全然覺醒，所有問題將會消失，而我
們的生活會充滿福分。

　　但這句話說的是，「開悟」並不是一種成就，而是一種覺悟。
一旦達到這種覺悟，一切似乎就會改變，但其實什麼也沒改變。
就像是你一直閉著眼睛生活，但突然間睜開了眼。現在你能看見
了，但世界並未改變，只是你能用新的眼光來看世界了。我對這
句砍柴挑水的禪語的理解是，「開悟」不是從坐在喜馬拉雅高山
的蓮花座上開始的，也不是從上師、書籍或某個研究課程那裡所
體悟到的。「開悟」是一種對待萬事萬物的態度。

「開悟」的狀態對我來說，是一種在人生中無時無刻保持平靜並身處平靜的基本概念。若我很焦慮、有壓力、恐懼或緊繃，就沒有辦法在對的時間實現自己「開悟」的潛力。我相信覺察這些不平靜的時刻，是「開悟」的一種方式。據說開悟的人和尚未開悟的人，差別就在於「知道自己無知」和「不知道自己無知」。

近年來，我感受到了更深的內在平靜和開悟，而我還是像青少年時候那樣砍柴挑水。即使事情不一樣了，但我每天仍然在做可以支付帳單的事。我每天鍛鍊身體保持健康、吃得健康、刷牙和擦屁股。從第一個孩子出生，到現在又多了七個孩子要養，這三十年來，我在乎同樣基本的事：要怎麼保護、撫養、教導和與孩子們相處。身為一個關心他們生活的家庭成員，我持續砍柴和挑水。「開悟」並不是消除生活日常事務的手段。而如果「開悟」不能消除日常瑣事，讓你過著潛心默禱、無憂無慮的生活，那麼有什麼好處呢？

一般來說，「開悟」並不會改變外在世界，但會改變你處世之道。例如，我教養孩子時，並不把孩子當作自己的所有物或附屬品，這樣他們的行為便不會像以前一樣支配我的情緒。此刻，我八歲的孩子正在發脾氣，我知道她這麼做是為了引起注意。我覺得沒有必要被她年幼的情緒影響。我從孩子身上看到，用這種超然的角度來教養他們，確實是很有用的。

我對「超然」的理解並不是態度冷漠，而是知道我有能力在

任何時候選擇平靜，但每天還是會經歷同樣的活動、問題和事件。只要我的肉身仍在，我就得砍柴挑水，但愈接近「超然」，愈會達到「開悟」。

我想起自己曾經很恐懼更換噁心的尿布，或者清理孩子嘔吐後的地板。我會說：「我沒辦法做這些事，太噁心了！」我會逃避，如果逃不了，那麼我就會用噁心想吐的反應來面對那種氣味。很神奇的是，態度會影響你的身體反應，讓本來已經很艱難的育兒任務更加難受。

現在我對骯髒的尿布或一堆嘔吐物已經有了完全不同的心態。最神奇的是，我再也不會有以前的那些身體反應，只是因為我的想法改變了。開悟前和開悟後，尿布和嘔吐物都在那裡，但開悟之後，你可以採用超然的態度面對，並得到平靜。我很喜歡《奇蹟課程》中的這句話：「比起這樣，我選擇平靜！」對我來說，這句話便說明了「開悟」這整件事。在挑水、砍柴、清理、運送、敲打，或做億萬種你能想到的「瑣事」時，你能選擇平靜。

「開悟」並不是讓你自由自在，而是讓你成為「自由」本身。你不會變成翱翔天際的老鷹，而是變成天空本身。你不會再用身體的限制來定義自己，宇宙變成了你的身體。你與自己的所見所為有了靈性上的深刻連結。你開始將所有事，即便是最平凡的事，當作了解親近神的機會。你看待任何事都很平靜，因為在你心裡，你就是一切事物，人人都是你。你不再為了命名花和樹苦

惱，而是感受它們。

這句簡單的禪語流傳了幾千年，對追求開悟的人來說是份大禮。你不須改變自己看見的身內身外之物，只要改變看待事物的心態，這便是「開悟」！

要把這句簡單的禪語融入生活中，以下有幾個簡單的練習方法：

- 覺察到自己每日顯露的「無知」，因為一旦你讓自己遠離平靜，無知便會顯現出來。注意自己在絕望時會責備誰，那是什麼情況，以及你多常落入這個陷阱。體認到自己未開悟的時刻，便是改變的開始。請記住，無知的人通常不會意識到自己無知。務必讓自己有所覺察。

- 不再認為要到未來生活環境變得更好的時候，你才能「開悟」。你總會有某種形式的砍柴挑水要去做，你能選擇如何看待這些事。

- 對於那些讓你遠離平靜的事，練習調整自己的做法。例如，當發現自己在塞車或排很長的隊時感到非常惱怒，請利用現代生活的這些日常情境來練習轉換心境。在通常會感到煎熬痛苦的時刻，為自己的內在留一個「開悟」的空間。

- 最後，千萬不要說自己「開悟」了。說「我開悟了」的人

一定不是開悟之人。不要談論自己所悟的道理。禪宗教義說，問你三遍以上的人才有誠心，只有到那時你才應回應。聖賢在自己對神的理解上總是保持緘默。

〈當下〉

摘自《魯拜集》

冥冥有手寫天書，

彩筆無情揮不已，

流盡人間淚幾千，

不能洗去半行字。[1]

——歐瑪爾·海亞姆（Omar Khayyám，西元一〇四八年？至一一二二年）

波斯詩人海亞姆是一位伊朗學者及天文學家，他的詩反映出他對神祇、善惡、靈魂、物質、命運的看法。

海亞姆是世上最有名的天幕製造者、詩人和天文學家，而這些成就使他成為卓越的哲學說書人，從他出生至今已經過了快一千年。摘錄自《魯拜集》的這段詩隱含的是千年過去後依舊不變的道理。這些著名詩句裡蘊含著幽微的、許多人尚未知曉的真理。

1　譯註：取自黃克孫譯本。

要了解這段詩句的智慧，就要想像自己的身體是艘快艇，以每小時四十海浬的速度在水上疾駛。你站在船艉，俯瞰著水面。你在這個想像場景中所看見的，就是船的尾波。現在請你仔細思索以下這三個問題：

問題一：什麼是「尾波」？你可能會認為，尾波就是船駛過留下的水痕，僅此而已。

問題二：是什麼在驅動著船？（船代表的是你正在「駛過」人生）答案是「讓船前進的當下動能，無非就是引擎，僅此而已。」以人生為例則是，讓身體前進的當下動能，無非就是你當下的思維，僅此而已！

問題三：尾波有可能推動船嗎？答案很明顯。留在後方的尾波不可能讓船前進，那只是水痕罷了。「冥冥有手寫天書……」

生活中最大的一個錯覺就是，相信過去會造就我們現在的生活。我們經常用這個理由來解釋為什麼我們無法擺脫慣性，堅持認為那是由於過去遭遇的問題所導致的。我們用年輕時受過的傷綁住自己，繼續將自己當前的悲慘困境歸咎於那些不幸的經驗。我們堅持那是我們無法前進的原因。換句話說，我們活在以為「尾波」能夠驅動生活的錯覺中。

想一想身體受傷的時候吧，例如手被割傷，你的身體會本能地立即開始修復閉合傷口。當然，傷口必須先淨化才能癒合，情感創傷也是如此。創傷痊癒得快，是因為你的身體說：「閉合那

些傷口，你就會痊癒了。」但當你的內心說：「癒合過去的所有傷口吧！」，你卻經常忽略自己的內心，反而與過去的傷口糾纏不清，活在記憶中，並把過去的漣漪當成自己停滯不前或無法繼續前進的根源，生活在錯覺中。

海亞姆指的「冥冥之手」便是你的身體。一旦冥冥之手開始書寫，身體便完整了，且沒有什麼可以抹去書寫的痕跡。你的眼淚抹不掉寫下的故事，再多的智慧、禱告和虔誠都改變不了絲毫「尾波」。這是你留下的足跡。雖然回顧過去的足跡對你可能有好處，但你必須打從心裡了解，造就今日生活樣貌的，只有你當下面對「尾波」的心態。

我們已經說過很多次，環境不會造就一個人，而是透露出他是怎樣的人。我們很容易把現在的缺陷歸咎於過去，這麼做很簡單，因為這樣我們就有現成的藉口可拒絕承擔自己開船的風險了。**每個人**，我強調的是「**每個人**」，都有過往的情況和經歷可當作「不作為」的藉口。我們生命的「尾波」充滿了過去的歷史殘骸，教養不當、成癮、恐懼、棄養問題、家庭不幸、錯失的機會、倒楣、經濟不穩、甚至出生排序等，都在我們生命的「尾波」之下虎視眈眈地看著我們。不過，那冥冥之手已寫下天書，再也無法抹去。

海亞姆在另一個地方、另一個時間，用另一種語言提醒我們這再簡單不過的道理，過去已經過去，不僅過去了，也不會倒帶

或重來。除此之外，認為過去導致今日生活成敗是一種錯覺。那冥冥之手仍在你的心上，無論昨天寫了什麼，今天仍舊可以任意寫下它想寫下的東西。清醒過來，遠離尾波，傾聽海亞姆的智慧吧！

這段話的核心道理在於：

- 活在當下。放下所有對過去的執著，不將過去當作今日生活的藉口。你便是自己做出當下選擇的結果，請謹記，過去的尾波無法影響今日的你。

- 從字典裡刪去所有責備，當發現自己用過去的歷史當作今日不作為的理由時，請告訴自己：「我現在是自由的，與過去的我無關。」

- 放下所有執著於過去的眼淚，那些悲傷和自怨自艾並不會洗去過去任何的片段。溫柔地提醒自己，曾經受過的傷已是過去，而現在是現在。從那些經驗中成長，將過去當成教誨，然後趕緊回到現在的生活，著重「當下」！過去不是現在，未來也不是現在。抓住這千年前的簡單真理，寫下自己的人生吧！

〈祈禱〉

主啊！讓我做祢和平之子。

在仇恨之處播下愛；

在傷痕之處播下寬恕；

在懷疑之處播下信心；

在絕望之處播下希望；

在黑暗之處播下光明；

在憂愁之處播下喜樂。

噢，主啊！使我不求安慰，而多安慰人；

不求人了解，而多了解人；

不求人愛，而多愛人；

因為在給予時，我們便有所得；

在寬恕時，我們便得寬恕；

迎接死亡時，我們便得永生。

——聖方濟各（St. Francis of Assisi，西元一一八二年至一二二六年）

聖方濟各出生於義大利，是方濟各修道會的創始人，他以喜樂和對大自然的熱愛來面對宗教，認為所有生物皆是兄弟姊妹。

這段簡單的禱文是歷史記載中最著名、最悠久的祈禱詞之一，傳達了人內心深處對靈性的渴望，而那靈性正居住在我們體內。在這段禱文中，聖方濟各描述了我們的高我。我喜歡默背這段禱文，有時也會大聲說出來。

相信你念誦這段禱文時，就能與聖方濟各直接交流。這段禱文是人世間古往今來精神最崇高的人物所寫下的。無形的神力在十二、十三世紀流經此人，也流經你我。如果你覺得與寫下這段禱文的人有共鳴，可以讀讀他的傳記並去看《日為吾兄 月為吾妹》(*Brother Sun, Sister Moon*) 這部電影。他的人生帶給我很大的啟發，我在本書其他地方提到，我曾去義大利阿西西散步，在他走過的樹林及他展現許多真實奇蹟的聖堂裡禱告。

這段歷久不衰的禱文道出了禱告的意義。對許多人來說，禱告是祈求神施予特殊恩惠的方式，但亞維拉的德蘭（St. Teresa of Avila）以截然不同的方式來定義禱告。她告訴我們：「所有禱告都只為了一件事，就是讓你的意志直接順從神的意志。」這正是聖方濟各歷久彌新的禱文所提出的。這段禱文表達出想成為上帝意念工具的願望，而不是尋求身外的具體恩惠。對我們大多數人來說，這是根本的轉變，也是邁向靈性開悟的開始。

祈求那股力量在仇恨之處播下愛，在絕望之處播下希望，在黑暗之處播下光明，就是希望能擺脫束縛我們的狹隘和評斷。這是對造物主強大的愛的渴求，也是我們生命的一部分。最近，我

剛好有個機會做到了這一點。

　　最近我和三個人打網球雙打比賽。比賽過程中，輸球的那方有個人很討厭。他在比賽中經常摔球拍和罵髒話，比賽結束時，他直接衝出球場，拒絕跟我們握手。我們剩下的三個人走出球場時，我聽見兩個隊友在指責離開的那人的行為和態度。就在我想一起指責他有多麼混蛋時，浮現了那些差點被壓抑的話：「在絕望之處播下希望……在憂愁之處播下喜樂……」因為經常複誦，這段禱文已成為我的一部分了。

　　我們離開球場時，我看見那個憤怒、受傷的人。我走過去摟住他，說了一句：「我們都有狀態不好的時候。」我這麼做並不是想在口頭上占便宜，而是那位簡單純粹、生在八百多年前、活在另一塊大陸上的屬神之人說過的話，在那天的網球場上借著我的口說出來了。

　　我們知道自己從不孤單時，就能改變禱告的方向，向我們已經有所連結的，也便是我們自身最高、最神聖的存在祈求。若神無所不在，那麼就沒有哪個地方是沒有神的，包含我們的內在。有了這樣的覺知，我們就能禱告，不是為了別的，而是為了祈求自己的內在更有力量。不是祈求平安順遂，而是祈願勇敢無懼；不是祈求消除痛苦，而是尋求擁有超越並克服困難的能力。我們不再自以為知道自己需要什麼，以及此刻需要什麼幫助。我們的經驗教我們了解，許多我們未曾要求卻得到的，反而成了最有助

益的。莎士比亞曾說：「我們對自己很無知，經常自尋傷害，而智慧的力量會幫我們擋下傷害。」

聖方濟各的這段禱文是在日常生活中練習慰藉、理解、寬恕和給予的方法。我們的內在都有這些能耐，我們的行為也經常受它驅動。然而，我們**卻經常**請求別人，包含那位我們稱為神的形體，要他們給**我們**慰藉、理解、原諒，供給**我們**所需。

複誦這段簡短的禱文時，我們也在邁向真正的靈性成長，將小我拋諸身後，讓神聖自我成為生命的主宰。而禱告這個非常私密卻又普遍的覺知方式，就是改變我們生命的一股不可思議的強大力量。當我們將禱告的重心放在與無形之力的溝通，正如聖方濟各所言，我們就是在尋求面對日常生活的力量與勇氣。

我一直很喜歡這個故事：有一位老師對一位靈性很高的神童說：「如果你告訴我神在哪裡，我就給你一顆橘子。」那個孩子回答：「如果你告訴我哪裡沒有神，我就給你兩顆橘子！」這個故事的寓意是：神無處不在。當你向神禱告的時候，也是向一位沉默而強大的永恆存在禱告，而那也是你的一部分。請與這個形影不離的存在溝通。然後，以聖方濟各的神聖話語禱告吧，開始把那些話融入每一天的生活各處。愛默生曾寫下對禱告的看法，我用他的想法做為本章的結論。

「當祈禱被當作達到個人目的的手段，便是竊盜與劣行，因為那是自然與意識分離的二元論。當人與上帝合而為一，就無需

禱告，因為他的所有行動都是禱告。」

建議將聖方濟各的話與我下面的建議結合，在生活中身體力
行：

- 每天練習複誦這段祈禱文，只要把這些文字唸出來，就會
  發現自己也能在生活中身體力行。
- 如果和家人或陌生人有了任何爭執，開口前先問問自己：
  「我現在要說出口的話是要爭對錯，或是想釋出善意？」
  無論你的小我如何反對，請選擇從善意出發來回應。
- 練習在之前感覺怨恨之處寄予愛，尤其是讀報紙或看電視
  新聞的時候。在恨的時候種下愛的種子，無論有多難，你
  都會成為化解這世界恨意的一份子。要克服文化制約下那
  種以牙還牙的心態，需要堅定強大地警惕自己。
- 審視自己的心，誠實面對過去以任何方式傷害你的人。痛
  苦的時候，要練習寬恕。寬恕是靈性開悟的基礎，這便是
  聖方濟各在這段禱文中所要表達的道理。

〈悲傷即祝福〉

看見「悲慟」喝著一杯「哀傷」，我喊道：「喝起來有點甜，
對嗎？」悲慟答道：「你說對了，但你壞了我的生意。若
你知道『哀傷』是一種祝福，我要怎麼把它拿來賣人？」

——札拉爾丁・魯米（Jalaluddin Rumi，西元一二〇七年至一二七三年）

波斯神祕詩人和蘇菲派聖人魯米寫到，我們企及得到的
純潔之愛，是超越小我的，存在於靈魂的神聖渴望，以
及與上帝結合的喜悅中。

噢，我們多喜愛悲慟啊。我們甚至會讀書了解悲慟的過程對
復原有多重要，接著甚至將悲慟視為克服失去之痛及重新振作的
必經之路。然而，在今日的阿富汗地區寫作的十三世紀神祕詩人
札拉爾丁・魯米，傳遞了來自中世紀的訊息。他認為悲慟是一種
祝福，而不是復原過程中須容忍的必要之惡。悲慟根本不是哀
傷，而是一個機會，讓我們能飲下人生黑暗時刻的甘美花蜜。

對多數人來說，悲慟是我們對失去或悲慘事件的反應，似乎
是對生活中痛苦經驗的自然反應。但如果我們了解魯米的智慧，
也許可以在悲慟的過程中，將哀傷化為某種甜美的滋味。

研究猶太經典《卡巴拉》(*Kabbalah*)，對我的人生帶來很大的影響，如同魯米的教導。《卡巴拉》這部神祕猶太教文本可追溯到好幾個世紀前。我學到的一個簡單道理是：「生命中的跌跌撞撞為我們提供了能量，讓我們能將自己推向更高的層次。」我反覆咀嚼這個古老的智慧。當我讓它緩解生活中的痛苦，我就開始能在傷心悲慟時將它內化。我發現這其中的真理是，每次低谷都是給我們的機會，讓我們能重振必要的能量，以達到更高層次的意識；每次陷入絕望，都是給我們更上一層樓的能量。

　　你的一生中，有過多少絕望的黑暗時刻？如某個事故、疾病、經濟問題、關係破裂、火災或水災、財產損失或死亡，將你推入痛苦、憤怒、否認，然後是悲慟？如同我們多數人，當你陷入哀傷，就覺得有必要告訴所有人你的不幸。但日子久了，你最終會超越它並接受它。

　　假如你知道自己生命中發生的所謂「失去」或「低谷」都是應當發生的事情，那你會如何？假如你當下就知道自己「必須」經歷這個令你悲慟和哀傷的事件呢？那你能不能用這個新的覺知來順勢而為呢？毫無疑問地，這個「假如」與你學到應如何面對災難和死亡的方式是有衝突的。我並不是說不要尊重自己的真實感受，而是說魯米所觀察到的真理讓你能以另一種方式回應這些情況。我鼓勵你敞開心胸，接受哀傷中的禮物或美好。

　　這個系統很聰明，我們都是其中一分子，不可能與之分離，

其中也沒有任何意外事件。在此時此地的哀傷中，會讓你學到一些事。你會學到教誨，並品嚐這奧祕中美好的定數。你不必假裝喜歡悲劇，只須發誓會將悲傷化為提升生命層次的能量。如同八百多年前的魯米那樣，大聲表達哀傷，並告訴自己：「滋味很甜美，對嗎？」也就是說，此時此地，在這甜蜜的悲傷中，你可以學到一些東西。而我要用這樣的方式飲盡它，毀了販售悲慟的生意。

在我們所謂的原始社會中，死亡是值得慶祝的事。有了這個基本認知，那麼即使在悲慟哀悼的時刻，也不會對每個人抵達或離開人世的神聖時機產生質疑。一切都有道理！看到這一切都是宇宙完美安排的一部分，了解宇宙有無形的智慧在安排，流經被創造的每一個細胞，包括一生中的許多痛苦經歷——然後歡慶這一切，那種甜美也許就是慰藉。

高中的時候，我是田徑隊的跳高運動員。我不想講我可以跳多高，但從電影中我們都知道白人跳得不高！儘管如此，我還是把竿子架好，退到九至十五公尺之外，再快速衝向竿子、盡可能壓低身體、以產生更多的能量來讓整個身體越過竿子。身體放得越低，我就可以跳得更高。想到我高中的田徑時代，就讓我想起魯米的話。這是《卡巴拉》的智慧，也是我要與你分享的訊息。

當悲慟只是內在對難過和哀傷的體驗時，會讓你陷入困境的最深處，使你停滯不前，重重地扛著內疚和痛苦。但是當你知道

在這種絕望中有美好的祝福，你就能打斷與悲慟和哀傷的夥伴關係，跌倒能讓你重新站穩腳跟，翱翔在世間生命的無底深淵之上。

這裡有一些面對悲慟與哀傷困境的方式：

- 讓自己在哀傷的時刻停下來，非常努力地問自己：「我有必要為了這個即將成為祝福的損失，這樣裡裡外外地折磨自己嗎？」傾聽並忠於自己的聲音。無論如何，你都是在為自己找出應對絕望更好的方式。
- 練習誠實地表達自己的失落感，但不要認為自己一定要充滿哀傷。感受失落、表達它，同時明白這一切之中蘊含著祝福。不要要求立即有所改變。允許原有的待在原地，同時允許有不同行為出現的可能。
- 你可能已經接受悲慟和哀傷是不可分割的，因為你學到如果不這樣就是冷酷和沒人性。但當知道跌倒是祝福，所有失去都有其神聖的道理，你便會逐漸體會哀傷的美好，並獲得能量，在生活各方面往更高的地方飛去。

〈平衡〉

偶爾遠離，

稍微放鬆一下，

因為當你回來

回到工作

你能做出更精準的判斷；

持續不斷的工作

會使你失去判斷的

力量……

拉開一些距離

作品好像變小了

卻看得更清楚

一眼便能看盡，

不夠和諧

或比例不佳

都看得更準確。

——李奧納多・達文西（Leonardo da Vinci，西元一四五二年至一五一九年）

達文西是義大利畫家、雕塑家、建築師、音樂家、工程師、數學家及科學家，也是人類史上最傑出的天才之一。

當像達文西這樣的人提出建議時，我願意全神貫注地傾聽。許多歷史學家稱他為史上最具探究精神的人，這是極大的讚美！他的成就很驚人，經常被視為文藝復興的開創者，帶領人類走出黑暗時代。

　　達文西在各處都能發現奧祕，並加以深入了解。他研究地球、天空及天體。他記錄下恆星的運行，並在第一架飛機出現的四百年前就擬出飛行器計畫。他是一位建築師和技藝精湛的藝術家，投身於自然和人類性格的研究。他畫人臉肖像的技術前所未見，精準捕捉了主角的各種神韻。光是〈最後的晚餐〉這幅畫就已經有多本著作談論其偉大之處。沒有哪個主題能逃過達文西的審視，在上面的引言中，他也為你提供了一個可用於你自身創作的工具。

　　你可能以為達文西一生大量創作，可能是個工作狂 A 型人，在生活中的每一個清醒時刻，除了繪畫、雕刻和發明之外什麼都不做。然而他所說的話卻與之正好相反，這也是我的結論。這位最早的文藝復興全才建議我們逃離日常生活，稍微拉開距離，才能更有效率和生產力。

　　在我看來，生產力豐富的人能將生活平衡得很好、很和諧。他們懂得掌控步調，知道什麼時候該退到一旁、把眼前的問題拋諸腦後。這裡的關鍵詞是「平衡」。要避免被吞噬，就必須遠離。根據達文西的說法，在走遠的過程中，你就能開始從「好像變小」

的視角來看待工作、家庭或計畫。

離開定點然後回頭望，的確會讓那個點看起來更小。但從遠處看，其實可以一眼望見更多。任何弱點或缺陷都可以立刻發現。儘管達文西可能是以藝術家的身分來說這件事，但無論你的生涯工作是什麼，他的建議至今一樣適用。

我發現達文西說的話，也適用於我的寫作和演講及其他計畫。我放下研究和黃色記事本，去長跑或乾脆離開幾天時，很神奇的是，我回來時一切反而更清晰了。我放下工作時，反而能獲得令人驚訝的洞見。當我不為結果困擾，也不執著於結果時，靈感就會出現在腦中。這位偉大的文藝復興大師要我們放下、放鬆、不要太執著、不要繼續掙扎，讓自然神聖的力量來指引我們。他說：「稍微放鬆一下，因為當你回來，回到工作，你能做出更精準的判斷。」在現今世界做到這一點的方法是，在認真投入任何事情之前學著冥想，無論是商務會議、工作面試、演講，或是畫一幅肖像。讓自己進入冥想狀態，可以大大提高效率。在過去十年裡，我面對觀眾之前，總是會花至少一小時來獨自冥想（通常更久）。當我離開放鬆的冥想狀態時，會感覺自己與更高層次、無所畏懼的自己相連結，因而能帶著自信走上舞台或拿起筆。我成為自己工作時的觀察者，一切似乎都行雲流水，彷彿上帝之手在牽引著我的舌頭或筆。

在自己和工作之間拉開一些距離，在這之間放鬆，在這個過

程中，你就是邀請了神聖的力量進入。給予自己達到或完成任務的壓力愈小，似乎反而愈能讓你擁有達成任務的力量。脫離結果才能享受過程，並讓結果順其自然。你能從某些做得很開心的工作中，看到這個道理。

舉例來說，你跳舞時，目的並不是站在原地不動，而是享受跳舞，至於最後停在哪裡，則取決於跳舞的過程。同樣地，去聽音樂會的時候，你的目的並不是等到音樂結束，而是享受音樂會的每個時刻。是否能待到最後並不是在過程中要考慮的事。想想吃香蕉好了，目的是什麼？從頭吃到尾嗎？還是享受每一口的滋味？幾乎所有事情都是如此。當我們放鬆並放手時，便能自然地享受過程，而終點便會神奇地出現。

達文西鼓勵我們，無論追求什麼，都要在生活中找到平衡。盡全力投入，比起結果，更要試著去享受事物本身。除此之外，發現自己的評斷已不再和諧或平衡時，也願意從中抽離。這麼做才能有新的視野，反而能更有創造力。

若想將這位文藝復興全才的建議融入生活，請這麼做：

- 練習暫且拋開工作和計畫的結果，享受事物帶給你純粹喜悅的那一刻，而不是最後的結果。

- 有時候讓自己拋開工作，什麼也不做。不加諸時間限制、沒有最後期限，也沒有鬧鐘——乾脆把時鐘也拋開吧。只

要做自己，將注意力放在自由的感覺上。這樣不受限制地保持距離，會讓你回來工作時產生新的活力和更敏銳的判斷力。

- 如果覺得卡住了，就照常做事，乾脆將整件事交給神：「我現在不知道該怎麼做，找不到答案，求祢指引我解決這個問題。」聽起來可能太簡單了點，但似乎總是奏效。請求神幫助時，答案便會出現，一切會清晰起來。

- 請記住，史上最偉大的成就者之一，透過他的勤勉進取告訴你：「偶爾遠離，稍微放鬆一下。」如果真要遵循誰的建議，我會選這位真正的文藝復興全才。

〈希望〉

對我們大多數人來說，

最大的危險不在於目標太高，難以企及，

而是目標太低，無所企求。

——米開朗基羅（Michelangelo，西元一四七五年至一五六四年）

米開朗基羅為文藝復興時期的義大利畫家、雕塑家、建築師及詩人，是視覺藝術史上的傑出人物。

　　過去二十五年來，我經常在廣播節目和談話電視節目中與觀眾對談並連線討論。這些節目的主持人們最常說我給身處困境的人太多希望，這可能是危險的。雖然遭受這類批評，但我仍不理解為什麼給人太多希望很危險。

　　有人說他得了不治之症的時候，我會鼓勵他們別把目標放在要完全康復上。我經常講到古往今來在冥冥之中發生的奇蹟。我說這類天意從未消失，還被記進了書裡。我分享了一些例子，有些病人被告知只剩半年可活，只能回家等死，最後卻擺脫了疾病及其診斷。每天都有人寫信給我，感謝在他們困難的時候，我以話語給他們希望，因為他們不想再聽到別人對自己不抱期待和希

望。

　　我相信活到快八十九歲的米開朗基羅若活到九十歲，依然會在雕刻、繪畫、寫作和設計，當時的人一般平均壽命是六十歲。在這句名言裡，他說到對自己抱持著很高的希望和目標。危險並不在於虛假的希望，而在於沒有希望或希望渺茫，因為若是如此，我們的目標和追求在實現之前，就已經被我們的信念削弱了。

　　這不僅關係到克服身體疾病，也包括生活中的一切。世上充滿了目標不高、思想狹隘的人，他們想把這種狹隘的想法強加給聽他們說話的人。真正的危險是放棄作為，或為自己設下很低的期望標準。仔細聆聽米開朗基羅的話吧，很多人認為他是史上最偉大的藝術家。

　　我想起在佛羅倫斯時，我站在〈大衛像〉前，震驚無比。它的龐大、威嚴，以及彷彿從大理石中躍出的靈魂，正是米開朗基羅對我們所有人說的：「定下遠大的目標。」當被問到如何創作出這樣的傑作時，他說大衛本來就在大理石裡，他只是削掉多餘的部分，讓他解脫罷了。的確是遠大的目標。說到遠大的目標，看看西斯汀教堂吧，米開朗基羅在一五〇八年至一五一二年的整整四年裡，每天都仰躺著畫天花板。這是其他小藝術家認為不可能的事，但米開朗基羅接下了這個任務，並且一生中都以滿滿的精力、才華，以及抱負，完成了許多令人驚嘆的作品。

　　米開朗基羅的作品幾乎都表達了一個概念，那便是「愛」可

以幫助人類努力提升至神聖之境。他寫的三百多首十四行詩都在描述這個，這種對精神昇華的描繪也表現在他的繪畫、雕刻和建築設計中。身為義大利銀行行員的兒子，這個出身平凡的人因為保有遠大的希望、遠大的夢想，不願低就，因而成為了文藝復興時期和人類歷史上備受尊敬的領袖。

幾年前，我和妻子在峇里島的村莊散步時，有人告訴我們，坐在門口那位老人的工作是造雲。我認真聆聽那人說，村民們如何相信他可以在乾旱時，憑藉自己的意識帶來降雨的雲。然而，我必須承認自己有點懷疑，因為我所知道的是，雲的形成是超出人類意識掌控範圍之外的。不過，現在我知道的真理是：**我們所知極少，要成為悲觀主義者還早得很。**

有時我會和孩子躺在草地上造雲，鄰居們可能會偷偷說，戴爾家那些瘋孩子居然覺得自己可以造雲，但我從不理會那些悲觀的話，因為我會聽到這個或那個孩子喊著：「看，爸爸！我的雲把你的雲撞出去了！」我認為這種想法並不危險。的確，我很認同米開朗基羅的觀點，降低對自己的期望才是更危險的事。

米開朗基羅的建議在今日的生活和在五百年前一樣適用。別聽信那些試圖用悲觀的話影響你的人，要相信自己有能力感受到〈大衛像〉〈聖母子〉、以及西斯汀教堂天花板天堂壁畫中的那股熠熠生輝的愛。「愛」是你與這位藝術家有意識地連結，他與你和每個曾經存在的人分享著同樣的普世精神。

他的成就來自於本章開頭給我們的那些話。設定遠大的目標，拒絕狹隘的想法和過低的期望，最重要的是，不要被「抱太多希望有危險」的荒謬想法所誘導。事實上，你的希望會引導你療癒生活，創造出自己的傑作——無論是壁畫還是水果籃。

要將米開朗基羅的話運用在生活中，請遵循以下的簡單指引：

- 不要聽信別人的話，以為自己限制重重，也不要將他們的話放在心裡。永遠都要記得：**為自己的限制辯解，得到的只有限制**。

- 最重要的是，不要低估自己，畫地自限。你是來自神的神聖化身，因此與那些帶來奇蹟、創造奇蹟的力量緊密關聯。

- 永保希望，記得愛因斯坦的名言：「偉大的靈魂總會受到平庸之心的強力反對。」

- 當覺得自己有什麼想達成的目標，但卻總覺得準備不夠，想想五個世紀前的米開朗基羅，他年近九十仍在畫畫、雕刻、寫作。想像他告訴你，你能夠創造出任何想要的生活，而最大的危險不是抱有太多希望，而是踏入毫無希望之地。

〈心靈的力量〉

〈我的心靈是我的王國〉

我的心靈是我的王國，

我在此得到愉悅的禮物，

超過所有其他

從這世間的善意得到的益處。

雖然我也想要多數人渴求之物，

但我的心仍不願貪得無厭。

不需要華麗的排場，不需要滿倉的財富，

不需要強求勝利，

不需要掩蓋爛瘡的奸巧之術，

不需要虛偽裝扮來討好諂媚；

我不像奴隸一樣對此屈膝，

為什麼？我的心靈已可使我圓滿。

我看見富足者經常招損，

急著爬高的人很快摔落；

我看見那些一朝顯赫的人

大多深恐厄運；

他們千方百計獲得，滿懷恐懼保有：

我的心不願承受這種忐忑。

滿足過一生，這是我的信念，
我不求非必需之物；
我僅求不受傲慢左右；
看哪，我的心可補足我所匱乏的。
啊，我因此如國王般富足，
滿足於心之所予。

有些人得到太多，卻依然貪求；
我有的很少，卻無欲無求。
他們有的再多，仍不過貧窮，
我有的不多，卻充足富裕。
他們窮，我富；他們乞討，我給予；
他們匱乏，我有餘；他們痛苦憔悴，我快活自在。

別人失去時，我不嘲笑；
別人收穫時，我不怨妒；
世俗波濤動搖不了我的心；
我的心始終安穩如昔。
我不畏懼敵人，不諂媚朋友；
我不憎惡生命，也不懼怕死亡。

有些人用貪欲衡量快樂，

· 將意志的狂暴當作智慧；

他們只相信物質珍寶，

他們的技能是欺騙狡詐：

但我尋求到的快樂

是保有內心平靜。

我的財富是健康和自由自在，

我的良心使我無須為選擇辯護；

我既無須靠賄賂獲得青睞，

也不必藉欺騙引人犯罪。

我這樣活，便這樣死；

願所有人與我同行！

——愛德華・戴爾爵士（Sir Edward Dyer，西元一五四三年至一六○七年）

戴爾爵士為英國伊莉莎白時期詩人，以〈我的心靈是我的王國〉（又名〈戒貪詩〉）聞名。

戴爾爵士為十六世紀的朝臣與詩人，在其時代頗負盛名，然而僅有少數詩作流傳至今。這首詩是他最著名的作品，也是我送你的，來自五百年前的珍寶。這首關於心靈力量的詩一直是我特別喜歡的作品。我覺得它的節奏宜人易讀，似乎在直接跟我說話。

我向你保證，喜歡這首詩並不是因為我和詩人同名。我收到

幾百封來自世界各地的信，裡面附了這首詩，問我是否與戴爾爵士有關係。雖然本書主旨似乎與「我的心靈是我的王國」完美契合，但我想戴爾爵士和我並沒有生物學上的關係。然而，每當讀到這首詩，我總會讚嘆不已，想探究屬於我的王國，也就是我的心。

詩人說的是脫離一切、包括身體，並身處平靜心靈王國的自在舒適。你有沒有想過你的心靈有多麼令人敬畏？你看不見也摸不著它，它沒有實體、沒有界限、沒有時空限制，但始終與你同在，指導並帶著你經歷生活的一切。這是你的王國，只有自己能在任何情況下運用它，為自己創造一個快樂的朝代。心靈便是你自由的一角，是別人無法侵犯的地方，是周圍紛紛擾擾時神智的避難所。心靈便是如此神奇無形。我邀請你帶著敬畏和讚賞來見識它的力量及它廣闊的統領範圍。

如果你渴望得到可能會傷害自己的東西，請回憶詩人的話：「但我的心仍不願貪得無厭。」戴爾爵士指的是選擇的能力，去明白你擁有選擇的力量。對於你的渴望或不健康的癮頭，責任要全歸咎於自己。走進內心的王國，你的心靈就能做出比渴望更強大的選擇。當你不惜一切代價想贏，你可以歸咎給社會壓力，也可以進入內心強大的王國，要求自己的心做出對一切最好的選擇，而不是只去滿足妄自尊大的小我。

想得到比需要更多的東西，不惜一切代價追求成功，一昧尋

求他人認可，這些都不是非如此不可，而是為了讓我們選擇如何使用無形奧祕的內在力量——我們的心靈。戴爾爵士告訴我們，我們周圍很多人擁有的已經太多，卻又渴望擁有更多。「他們有的再多，仍不過貧窮，我有的不多，卻充足富裕。」他看著那些人活在痛苦中，似乎從不滿足，總是追求虛幻的「更多」。「他們匱乏，我有餘；他們痛苦憔悴，我快活自在。」

正如詩人委婉的建議，你可以選擇被貪婪和慾望吞噬，汲汲營營，成為不幸的人並生活在恐懼中，你也可以決定「我的心不願承受這種忐忑。」要知道，是你的心靈在做出選擇，如此而已。正如詩人這句話所說的，你能得到無限的幸福和滿足：「滿足過一生，這是我的信念，我不求非必需之物。」

你的心靈願意，也有能力給你一生的平靜與安寧。決定改變想法，就可以開始新的生活。透過內在的王國，你能創造富足的生活，而不困乏。在你心中，總是有獲得平靜的自由。

你所經歷的每一次恐懼都不是從外而來，而是來自你選擇怎麼想。當你明白內心的王國不受人的一生所限，你甚至能不再恐懼死亡。這是一種優雅的狀態，戴爾爵士將其描述為「我不憎惡生命，也不懼怕死亡。」

你的王國就是在各種處境下，你選擇如何面對的心態。你是國王，最終決策者。沒有你尊貴的心靈同意，沒有人能使你心煩意亂。沒有你的允許，沒有人能讓你沮喪。沒有你的命令，沒有

人能傷害你的感情。

這首詩告訴你不要用慾望來衡量自己的快樂；停止無止境地征服別人和證明自己；停止用世俗活動來衡量自己的成功，而是往內心探尋，進入和平與寧靜之處。你與戴爾爵士這首名詩的距離僅有一念之差：「我的財富是健康和自由自在。」

在你的內心王國，還有最後一件事要思考。心靈掌管你的健康和平靜，改變對治療的想法，就能改變身體對疾病的反應。在靜謐的內在王國裡，心靈平靜，不求輸贏、爭搶、勝敗、苦役和慾望，你就能產生健康的分子。你能降低血壓、消除潛在潰瘍、提升免疫系統、降低各種疾病感染，一切都取決於你的心靈王國。

這些有智慧的詩句將心靈比喻為無形的王國，由你掌管統籌。遵循這些建議，就能將這些美好詩句融入生活：

- 練習控制思緒，減少自毀行為。問自己為什麼選擇讓自己難過，而不是用心創造平靜和安詳。在悲傷或憤怒時克制自己，試著轉換新思維。
- 花時間讚嘆心靈，敬畏於它所能為你創造的一切。在心靈王國內冥想，並拒絕讓任何會汙染這片國土的想法進入這個神聖空間。
- 反覆提醒自己，沒有自己的允許，任何自己之外的人事物都不能使自己不開心。要謹記，你是心靈所有選擇的綜合

體。為什麼要讓自己的心靈變成豬圈，而不是王國？你與戴爾爵士一樣，都有機會知道「我的心靈是我的王國」。

- 謹記戴爾爵士的結論：「我這樣活，便這樣死，願所有人與我同行！」並記得——你就是自己內心疆域的國王。

〈悲憫〉

摘自《威尼斯商人》

悲憫並非出於勉強，

而是如甘露輕輕落下；

降臨大地，福佑雙賜：

施與受皆有福。

它是威權中的威權，

比王冠更顯帝王之位，

權杖是世俗之權，

帶來敬畏與威嚴，

與對帝王的害怕恐懼。

然而悲憫超越王權，

加封於帝王之心，

那是上帝的化身；

世俗王權最能顯現上帝之時，

便是在正義中加入悲憫。

——威廉·莎士比亞（William Shakespeare，西元一五六四年至一六一六年）

莎士比亞為英國伊莉莎白時代及詹姆斯時代初期的詩人及戲劇家，是英國文學中最廣為人知的作家。

我要如何從公認史上最偉大的劇作家及十四行詩人中的作品中做出選擇？讀了莎士比亞，自然會沉浸在他前所未有運用英文的豐富與創意中。我的首選是《哈姆雷特》（*Hamlet*）的精湛獨白，他在其中提出了一個困擾所有追尋真理和更高意識層次的人的問題。「活著還是毀滅」，這當然是個問題。但我覺得我已經在本書中討論過這個是要在命運箭矢的折磨中掙扎，還是要揮刀對抗麻煩，最終反抗並結束災難的主題了。

　　於是我決定以《威尼斯商人》來表現悲憫之情，因為我認為這是有史以來描述人性最深刻、最中肯的十四行詩。

　　以悲憫精神過每天的生活，是馴服我們更底層和原始本能的方式，同時也能培養愛與同情。當我們被別人傷害時，第一反應通常是報復。我們野蠻的一面促使我們選擇「復仇」而非「悲憫」。然而，莎士比亞談到了「悲憫」的本質，他稱之「來自於神」，「如甘露輕輕落下；降臨大地，福佑雙賜。」悲憫或同情的第一個福分就落在你這個施予之人身上。這個道理與心理學文獻的智慧大致相同。也就是說，對自己保持同情，犯錯或達不到某個標準時，不要嚴厲評判自己。成為這樣的人，你就能從不當行為或失敗中解脫，溫柔地愛自己。原諒自己因為身為人類，才會在黑暗的角落裡徘徊、對自己的行為感到尷尬或失望。給予「自己」悲憫，也就是莎士比亞所謂的「比王冠更顯帝王之位」的特質。於是悲憫也成了你的一部分。當第一次接受悲憫並施予自

己，你便能將它的潛能給予其他「受施之人」。

　　若不能真正地悲憫自己，就永遠無法給他人悲憫，就像不愛自己，就無法愛他人，或如果沒有錢，就無法把錢給窮人。遵循我的上師尼薩加達塔・馬哈拉（Sri Nisargadatta Maharaj）睿智的建議，便能培養對自己的同情心。他告訴我：「罪人和聖人不過是換個概念：聖人曾經犯罪，而罪人將成為聖人。」我們都有罪，即使是我們稱為聖人的人也不例外。當你想通這些話，便能同情自己，接著也能同情他人，這就是莎士比亞所說的悲憫的雙重福佑。

　　雖然我們都害怕擁有世俗權力的人，在詩裡，權力是以國王權杖為象徵，但正如詩人提醒我們的，悲憫凌駕於「王權之上」。除非拿出非人的神力，否則我們無法平靜地望進那些行為不端或以某種方式傷害我們的人的眼睛，消除我們揮舞權杖的衝動。但當我們對那些冒犯者展現同情，我們便抵達了「世俗王權最能顯現上帝之時」。

　　身為父母，或是因年紀或身形而享有權威的成年人，我們可以選擇是否要展現自己的的王權象徵。我們很容易因為被忤逆就施加懲罰或予以報復，同情經常是我們最少顧慮到的。在這種時候，我學會提醒自己，即使在我最黑暗、最震怒的時候，神的耐心與悲憫始終與我同在。我從未覺得被神拋棄，連在許多人無法諒解我的錯誤時也不例外。以悲憫來調劑正義，而不取代正義

時，這個神一般的特質最為有用。

　　我有了孩子後，如果孩子破壞了規定或無法達到說好的事，或者把事情搞砸，我就會想起莎士比亞的話：「在正義中加入悲憫。」我會讓他們知道我很愛他們，我也知道事情搞砸是什麼心情，我以悲憫和同情來調劑落到他們身上的後果，所以當事情過去，他們仍然感覺被愛。

　　給予悲憫適用於生活中所有層面的關係，而對那些傷害你或讓你失望的人寄予同情，並不代表你要成為受害者。有句話反倒是這麼說的：「我理解、我在乎、我諒解，但我仍然不喜歡，也不願忍受這樣的對待，或讓你覺得可以這樣。」差別在於你不須報復或證明誰才厲害。心懷悲憫，你就會發現自己不會輕易為了每天都會見到或讀到的惡意行為心煩意亂或傷心。你能把愛給予那些冒犯者，而不至於滿腔怒火、憤恨，最終尋求報復。

　　悲憫之心讓你能聚焦在自己追求什麼，而不是反對什麼上。舉例來說，與其因討厭的事物怒不可遏，譬如有人受餓，不如將注意力放在你要做的事上，如教育和餵養困頓的人，這樣同情心便會引領你以愛來解決事情，而不是以憤怒回應。你發自內心對身邊或家裡所愛之人的悲憫，同樣地會使你聚焦於同情而非報復，讓你能用心矯正，而非施加懲罰。

　　如莎士比亞在這首鼓舞人心的詩句中所說的，悲憫是「威權中的威權」。也就是說，你愈強大，透過你的悲憫所展現的力量

就愈大，你也就愈不需要展示你的權威象徵。

　　透過以下練習，將世上最偉大的語言大師所說的話融入你的生活：

- 發現自己面臨要施行正義的情況時，要看清自己性格的兩面。一面是擁有報復力量的國王，另一面則是先以愛和悲憫來因應的商人。盡一切努力尋求正義，但最好以悲憫來調劑。

- 給自己過去的行為應得的同情，不再嚴厲評判自己。這些錯誤和不當行為都是為了超越生命中的那個當下。善待自己，消除任何對自己不好的想法。

- 一旦表達了自己的感受，並伸張了正義，就放手吧。我的意思是，「**現在**」就放手！不要懷恨在心，也不要時時刻刻提醒他人，讓他人內疚，自己也不得寧靜。放手吧！

- 把你最大的煩惱交給神。只要說：「親愛的神，在這種情況下我很難給予悲憫，我想完全交給祢。我知道祢會引導我做出最仁慈和人道的作為。」這麼做將使你從自己的執著和憤怒中解脫，幫助你看見罪人身上的聖人身影，因為聖人和罪人只是換個概念。

〈天人合一〉

摘自《在緊急際遇中的靈修》

〈冥思 十七〉

沒有人是一座孤島，全然獨踞；每個人都像大陸中的一塊泥土，連為整片陸地。如果有一塊泥土被海水沖刷，歐洲便會失去一角，山岬也是，你的或是朋友的莊園都是如此。無論誰死了，都是我的一部分在死去，因為我屬於人類全體。因此，不要問喪鐘為誰而鳴，喪鐘是為你而鳴。

——約翰・多恩（John Donne，西元一五七二年至一六三一年）

約翰・多恩為英國詩人，也是第一位玄學詩人，其玄學詩備受推崇。精神與物質相互矛盾的人性是他詩中重複出現的主題。

多恩在十七世紀初期寫下、在此摘錄的段落中所說的天人合一概念，或許最能定義神祕主義的本質。意識的「合一」及「人類一體」的概念，在古印度神聖的奧義書中無所不在。古時的神祕智慧告訴我們，在奧妙的花園中，我、你、他、她及他們皆沒

有區別。多恩的想法基本上也是如此,這首著名的詩,第一句便提到「沒有人是一座孤島」。為了達到人生更高層次的覺知與福佑境界,我們必須了解這第一行詩句的真正涵義。只有當我們的我執心(ego-mind)懂了,才有可能了解它的真義。

我們的我執心堅持自己與他人是分離的,由彼此的起始界線界定。同樣地,這些我執心告訴我們,我們和自己的環境也是分開的,我們身處此地多少是為了將其改變成我們希望的樣子。然而神祕導師及詩人不斷提醒我們,我們與萬事萬物皆有連結,合而為一。我們必須超越表象,往深處看去,才能了解到他們所說的合一概念。

當我們看著自己的身體,身體看起來確實是個個分離,但仔細再看,這個身體裡有許多器官和體液,包含著成千上萬的生命型態,其中更含有數不盡的無形細菌,合力形塑了這個肉體。將多恩歷久不衰的詩句換句話說就是:「沒有細胞是一座孤島,全然獨踞;每個細胞都是身體的一部分,是世界的一份子。如果有個生命體消失了,整個身體便會失去一角。任何細胞的生老病死都於我有損,因為我是這全體的一部分。」

雖然肝臟細胞從不與口腔細胞接觸,但它們與整個身體相連,對整個身體都是至關重要的,因此任何細胞減少都會使整體減少。全人類也是如此。我們都是所謂人類這個整體中的細胞,如果我們認為自己彼此分離並相互競爭,那便會削弱整個人類。

美洲原住民這樣表達這個合一的概念：「沒有一棵樹的樹枝會愚蠢到彼此打架。」顯然，身體內的任何細胞若與相鄰細胞開戰，最終都會在此過程中摧毀整體和自身。這就是癌細胞的作用。它不與相鄰細胞合作，而是破壞它們，如果不經遏止，最終它會在過程中破壞身體和自身。確實愚不可及。

在《緊急際遇中的靈修》中，多恩對我們說話。他告訴我們，我們都是一體中的成員，沒有人可以獨自生存。實際上，我們存在的一切都取決於這個更大全體的其他細胞，它們與我們合作，也為我們付出。你的存在若是孤立的，那會像一顆心臟在體外跳動，卻缺乏所有必須與心臟合作才能維持生命的動脈、靜脈和器官。

想像一下與海洋分離的一道波浪或一滴水。離開了海洋，它就會變弱，但一回到源頭，它就會如海洋一樣強大。多恩的詩提醒了我們這個真理。當我們是孤島，全然獨踞時，就會失去源頭的力量，並使全人類有所消損。但在奧義的花園中，「我們」和「大家」取代了「我」和「你」，那就不可能開戰了，因為地球是圓的，你站的永遠都不是上方。在我們個別的生活中，將自己視為孤立於全體之外的孤島，會阻礙我們找到那最高境界、最圓滿和最豐富的生活。

當你知道自己與所有人是一體的，便會立刻停止批判他人，並與那個人產生隱形連結，如同腳踝和手肘也共享著那股看不見

的靜默力量。因此，同情將變成每個人的本能反應，你會將所有人類視為完整、分不開的一家人。一旦你能將他人視為家人，而不是競爭者或背叛者，你就能伸出友愛的手，而不是以防禦或破壞的武器相向。

從身邊的人、家庭和國家所教導我們的分離概念到「合一」的概念，是一種徹底的轉變。我們不再看見彼此間的差異，而是看見相同之處。我們不再執著於表象，而是我們的共存有多重要。因此想阻止任何事物分化我們的念頭，會取代仇恨，如同腫瘤學家努力根除整個器官內的癌細胞，不讓癌細胞破壞體內的和諧。

我發現記起這段動人詩句的開頭幾個字，能讓我不那麼煩躁有壓力。我曾經鄙視舉著乞討紙板要錢的乞丐，經常自言自語或說給旁人聽：「他們怎麼不像我一樣，自己去工作賺錢？」現在我提醒自己，我與那些人正以某種神祕的方式相互連結。他們的貧困、不潔、健康問題會讓我們所有人受損，包括我在內。我默默寄與他們祝福，並誓言要做得更多，讓世上不再有貧困。最重要的是，我感覺自己更有同情心，也更能付出關愛了。這也提醒了我自己，我們都需要彼此，而我們的連結比與家人近親的血緣連結更加偉大。

當聽見表示有人死於暴力的喪鐘響起，請仔細傾聽，並用多恩在四個世紀前的話提醒自己：不要問喪鐘為誰而鳴，喪鐘是為

你而鳴！

要將這些人我合一的概念融入生活，請這麼做：

- 不要因為距離遙遠，或者接觸不到那些在其他地方苦苦掙扎的人，便覺得事不關己。當你意識到有人在彼岸受苦，為那個人默念祈禱，看看內心能否感同身受。

- 在每個人和每件事裡都看見神的存在，並認真看待自己每一天的行為舉止，彷彿神就在這其中。試著暫且不對那些沒有野心、不那麼平和、不那麼有愛的人做出評判，並明白仇恨和批評是問題的開始。當你評判仇恨者並憎恨批評的人時，你便是癌症的一部分，而不是藥方。

- 少用標籤劃分你和「他們」。你不是美國人、加州人、義大利人、猶太人、中年人、胖矮子、女人、運動員或任何標籤。你是世界公民，一旦停止貼標籤，你就會開始在每個花園、每片森林、每個家庭、每種生物和每個人中看見神的存在，內心平靜就是你的獎賞。

〈時間〉

〈論時間〉

嫉妒的時間飛吧，直到用盡你的族類，

呼喚慵懶拖沓的時針，

它的速度重如鉛錘；

用吞下的東西滿足自己吧，

那不過是虛假和枉然，

且僅為凡人的渣滓；

我們的損失如此之少，

你的收穫也如此之少。

因為當你吞下每件壞事，

最後被貪婪的自我吃乾抹盡，

永恆將以一個吻

迎接我們的福分；

歡樂會像洪水般淹沒我們，

當每件事皆真誠美好

完美神聖，

真理、平和與愛將永遠閃耀

在祂的至高王座四周，

單是祂的存在便是使人快樂的景象，

當我們受上天指引的靈魂攀登而上，

這一切塵世的粗俗都將消失，

我們永遠與星辰並坐，

戰勝死亡、命運，以及你，噢時間。

——約翰·米爾頓（John Milton，西元一六〇八年至一六七四年）

英國詩人及散文家米爾頓是英國文學史上著名及受景仰的人物。

在整理本書的過程中，我有機會閱讀了歷史上數百位偉大思想家所寫的數千首詩。「與時間為敵」這一主題在人生劇場的記載中非常流行，尤其受詩人歡迎。米爾頓被視為一位偉大的詩人，許多在米爾頓之後很久的人都提到，這位十七世紀的文學天才及《失樂園》的作者是對他們一生影響最大的詩人。

人類的時間困境向來是不斷被探討的議題或主題，因為我們認為時間的流逝會削弱和破壞我們的肉體。關於我們人類肉身的基本真相，可以用一句話來概括：「**我們終將變老，然後死去。**」無論你是十七世紀的盲人詩人、今日的著名女演員、位高權重的人，還是雅典的家庭主婦，這句話都適用。不管你喜不喜歡，這就是我們的現實。米爾頓在寫下這首關於時間的詩時，認知到了

這個根本事實。

然而，他也在努力超越看似優越的時間力量。他寫到能戰勝時間流逝的方式是進入永恆。永恆熱情地接待靈魂，它是詩人永恆的朋友，也是我們通往幸福、恩典和救贖的鑰匙。米爾頓說時間「用吞下的東西滿足自己」，但也詩意地解釋，時間吃下的一切皆是虛假、枉然，只是凡人的渣滓。「我們（人類）的損失如此之少，你（時間）的收穫也如此之少。」

他說永恆以一個吻迎接我們，也提到擺脫時間魔掌的喜悅。永恆接管我們，並指引我們進入無限的真理、和平與愛。米爾頓在結論中說得很美：「我們永遠與星辰並坐，戰勝死亡、命運，以及你，噢時間。」

我很喜歡他的結論。我們都恐懼不可避免的衰老和死亡過程，而這位詩人明白永恆就是我們擺脫恐懼的方法。

米爾頓在四十歲出頭時便失去視力，不得不請人將自己的詩聽寫下來，而這在當時遠比今日要困難許多。他感覺到「時間」對生活的耗損。我想像失明的米爾頓也許是坐在一個冰冷的石屋裡，口唸詩句，聽著身旁助手將他的觀察記錄下來，並深深感到滿足，因為他知道自己描述的是戰勝塵世命運的唯一方式。細讀他的詩句，能隱約聽到時間的耳語：「你們終將變老，然後死去。」

但對我而言，既然有形世界似乎不斷變化，而我們能以感官體驗的一切皆有其時限，且會「被貪婪的自我吃乾抹盡」，那我

們無需等待死亡的永恆一吻，現在就能明白真正的快樂，擺脫「一切塵世的粗俗」了。我相信我們能決定讓每一天都活在真理、平和、微笑裡，而非害怕時間的流逝。只要這麼做，我們便能一起對時間不屑一顧。我們主要的目標不是認同時間，而是永恆的愛、真理及和平。超脫時間的自我不會老去，也不懼怕死亡。

我很高興知道自己能以我的「永恆自我」向時間述說真理、愛與平和，不必等到死亡才能得永生。我每天都會慶祝自己的勝利，因為我能以此刻所能獲得的真理、平和與愛來生活，我擁有米爾頓所說的快樂。快樂不在未來的某個時刻，而是現在！

想想自己的「肉身自我」及其擁有的一切，練習笑看一切，因為時間只是將它們借給你。讀古聖先賢詩歌的時候，這個主題總會不斷出現。這經常被視為生與死、命運與選擇的戰役，是的，還有時間與永恆的戰役。但此刻你在這裡，可以不將其視為戰場，而與時間和平共處。笑看時間，並明白笑看這一切並不會讓自己成為時間的受害者。以永恆的視野來觀察，便可對時間免疫。

感受許多世紀前，米爾頓透過失明年邁的身體對我們所說的，那種勝利的感覺。明白靈魂便是我們的福分所在，「我們永遠與星辰並坐」，永遠包括了現在！

要超脫時間與永恆的二元論，每天練習米爾頓在詩中告訴我們的三部曲：

- **真理**：活出自己有所共鳴的真理，無論受到什麼約束，或別人有什麼為你好的意見。
- **平和**：永遠都要做出能帶給你和他人內外皆平靜的選擇。
- **愛**：盡可能懷抱愛的力量，每當仇恨、批判和憤怒的念頭浮現，要去克服這些念頭。

永恆的真理、平和及愛，讓你能夠直視「時間」，斬釘截鐵地說：「我不怕你，因為我是永恆的，你無法動搖我。」

〈謙遜〉

〈逍遙頌〉

幸福之人，願有福

守護先祖一方田畝，

閒居於自家土地，

吐納故土芬芳而滿足。

牛乳解其渴，五穀以果腹，

羊絨做成禦寒衣物；

林木予以炎夏涼蔭，

予以隆冬柴薪。

福分！渾不覺

日日、月月、年年光陰似水，

體魄康健，心無罣礙；

歲月靜好。

夜闌安眠，古今閒談

相聚一堂，自在甘甜。

童心赤子，最享其樂，

以冥想修禪。

願如此生活，無人見、無人聞；

願如此死去，無人傷神；

悄然而逝，無須碑石

相告安息銘文。

——亞歷山大‧波普（Alexander Pope，西元一六八八年至一七四四年）

波普為英國詩人及諷刺作家，在他的時代是文學權威，
被視為英國新古典主義的代表。

初讀時，波普這首名詩似乎僅是述說，要擁有幸福，重點是
要尋求和平與寧靜。事實上，不僅是這首詩，這位住在倫敦郊外
溫莎森林的十八世紀初詩人大部分的作品，都是以此為核心。他
患有結核性脊椎炎，造成駝背，身高因此不超過一三七公分。他
一生都忍受著嚴重的頭痛。他的畸形和疾病使他對身心痛苦特別
敏感，因此孤獨的天性，以及遠離人群喧囂和混亂、自給自足的
能力，皆是其詩作的主題。

我們二十世紀後期的自然世界與波普出生的三百年前大不相
同，這使得他的詩對今日的我們格外重要。在現今世界，「閒居
於自家土地，吐納故土芬芳而滿足」通常代表眼睛受到城市煙霧
的刺激、吸入有毒煙霧並呼吸著汙染物。今日我們能在自家土地
上擠奶、牧羊、砍下非遮蔭用的樹木燒柴取暖而自給自足的人很

少。而且，我們極少人能夠感受到「福分！渾不覺日日、月月、年年光陰似水，體魄康健，心無罣礙；歲月靜好。」

取而代之的是，由於環境問題、日益沉重的壓力，以及各式各樣的造景割草機、攜帶型吹葉機、挖土機、電鑽、卡車和警報器轟炸著感官，我們的身體也退化得更快。波普近三百年前的詩無庸置疑地切合著今日世界。

這首詩的前三句提到我們需要呼吸清新的空氣、在大自然中自給自足，並在日常中享受些許孤獨和寧靜。我鼓勵你盡力將這些元素帶入生活中，無論你身處何處。花點時間離開城市，置身於大自然中，福氣就在大自然中等待著你。

在第四段中，波普的詩寫到將童真和冥想融入消遣中，便能享受良好的睡眠。我在本書的其他章節寫過每日冥想的重要性，所以不在此重複。但是，幸福生活的其他要素（學習、放鬆、娛樂和童真）是任何時代都受用的建議。當我自由地學習感興趣的科目、找時間擺脫壓力、打網球、游泳或在白天跑步，尤其是與冥想結合時，我便明白了何謂「久不泯」的赤子童心。

〈逍遙頌〉是波普早期最著名的詩，寫於〈秀髮劫〉之前，前四段描述的是幸福的要素。這些要素呼籲人們盡可能在自然與無壓力的環境中溝通交流。我鼓勵你聽從他的忠告，無論你是在多麼都市化、擁擠或嘈雜的地方生活。我發現自己會反覆讀這首詩的最後一段：「願如此生活，無人見、無人聞。」

我有幸遇過一些有神性的人及神靈化身。我對這些高度進化的人最深的印象便是，他們已經克制了自我，如聖人般緘默地生活，不願沐浴在自身神性的光環中。他們確實選擇了揚棄有形的存在，不為自身所賜予的邀功，事實上，他們將所有功勞歸功於上帝。當十三世紀偉大治療師阿西西的聖方濟各被問到為什麼不治療自己生病的身體時，他說他希望每個人都知道，給予治療的人並不是他自己。

對我來說，偉大和幸福與否的衡量標準在於是否有能力克制「自我」，不再需要為成就邀功，不需要感激或掌聲，不是為了別人的稱讚，而只是做我所做的，因為我的目的就是去做這件事。這才是真正的完美無瑕或高尚偉大，學會默默給予，不求稱讚，經典電影《地老天荒不了情》（*Magnificent Obsession*）便將這種精神表現無遺。一旦不再需要榮耀，我們就能得到新的自由。如詩人所說：「願如此死去，無人傷神；悄然而逝，無須碑石相告安息銘文。」

在真正的偉人身上，我感受到「謙卑」，這是耶穌、佛陀和老子都有的特質。當我坐在來自印度、定居德國的米拉教母（Mother Meera）面前，凝視她神聖的眼睛時，她如此「無我」，因此無須言語便能打動我，我真正感受到，她從來不需要為自己至高無上的精神博取認可。卡洛斯·卡斯塔尼達（Carlos Castaneda）寫到他與那些守護神（Naguals）、偉大的心靈大師的

關係時，對他們的默默無名和謙遜很困惑。這些都是看似再平凡不過的人，擁有非凡的覺知，深居簡出而謙遜，他們始終存在卻幾乎隱於無形。這就是我在〈逍遙頌〉最後一段中讀到的反差特質：學會過著不醒目、不張揚的生活，不需要被人注意。去做因為有所感召而認為自己該做的事，再退居於有尊嚴而平和的生活中。

我第一次與當代靈性大師古儒吉（Guruji）相遇時，近一個小時完全是沉默的。當下無須言語，他教了一堂使我醍醐灌頂的冥想課，但他從未提及回報。最好的老師都是如此默默付出而謙遜。

本書有另一章特別探討中國聖賢老子，而老子最能概括這個想法。他提醒我們：「江海所以能為百谷王者，以其善下之，故能為百谷王。」

要將波普〈逍遙頌〉的智慧融入生活，以下是我的建議：

• 從一天中抽出時間來獨處並保持靜默。可能的話，在家裡或辦公室背景中播放輕柔的古典音樂，以消除生活中刺耳的噪音。「莫扎特效應」能創造平衡與平靜的感受，實地

1　譯註：研究指出聽莫扎特的音樂，能夠增強大腦活力，使思維更敏銳，也可能提升智商，故稱為「莫札特效應」。

提高生產力並降低壓力。

- 讓自己以更長的時間身處於大自然，聆聽動物和鳥類、風和海浪的聲音。緩慢地吸進無污染的空氣。身處曠野是療癒自己的好方法。

- 上瑜伽課或跟著暖身教學影片，讓身體進入和諧狀態。讓瑜伽成為日常的一部分。

- 練習施予而不求讚美。讓自己崇高地執著於此。我鼓勵你看《地老天荒不了情》和《日為吾兄 月為吾妹》兩部電影，後者講的是十三世紀的聖方濟各如何轉變為謙遜施予之人的故事。

- 謹記亨利·大衛·梭羅（Henry David Thoreau）的譬喻：「謙卑如同黑暗，展露天國之光」這句話也可說是〈逍遙頌〉最重要的道理。

〈真理與美〉

〈希臘古甕頌〉（節錄）

噢！雅典之形！美麗之姿！交錯著

精雕細琢的男男女女石像，

伴以雜林叢枝踏徑野草；

你，靜默之形，逗引我們出神

一如永恆：淒寒的牧歌！

當這世代耗盡老去年華，

你仍在風霜災難中留存，

異於我們，你以朋友之名，對人說，

「美即真，真即美，」──那便是所有

你們在世上所知，及你們所需要知道的一切。

——約翰·濟慈（John Keats，西元一七九五年至一八二一年）

濟慈棄醫寫詩，可說是英國浪漫派中最具才氣的詩人。

宇宙中有些東西比我們平凡的生命更長久。不論那是什麼，總會令我們感到困惑，年輕的濟慈在著名的〈希臘古甕頌〉中寫下的就是這種困惑。當詩人凝視希臘古甕上的愛侶刻像時，他自

己也在與死亡鬥爭。他二十多歲的兄弟剛過世，詩人也為自己的健康問題掙扎著。隔年他也離世，享年二十六歲。上面節錄的是〈希臘古甕頌〉的第五段，也是最後一段。結尾兩句說的是超然的生活方式，以及尋找自己真正幸福的源泉。

我每天看著辦公室窗外時，都會想起濟慈的詩。兩個月前，我和兒子在我寫作的屋前清出一塊地。我們修剪灌木叢、砍掉枯死的樹木，讓入口處煥然一新。就在我的窗前，我們留下了一截樹皮已經變色的細樹幹，高約六十公分。我們打算隔天才把它挖出來，因為手邊沒有鏟子。事情一件件接踵而至，我得離開小鎮去巡迴演講，便忘了地上這截枯死的樹幹。當我回來時，發現這截乾枯的樹幹上長出一些綠葉，於是決定不動鏟子了。

今日，我望向窗外，那棵「乾枯樹幹」上已經長滿了成千上萬的嫩芽、綠枝、綠葉，形成一片美麗的景象。濟慈在詩中寫到永恆時，便寫出了我看不見的那股生命力：「當這世代耗盡老去年華，你仍在風霜災難中留存……」是的，這個「你」是我們所有人的朋友，他說：「美即真，真即美──那便是所有　你們在世上所知，及你們所需要知道的一切。」

讓乾枯樹幹起死回生的生命力，就是我們所稱的「真理」。正是如此。現在我們每個人都能選擇用任一種方式看待永恆展現的一切真理。濟慈的建議是，我們要選擇有真理的美，以及美的真理……就這樣！美以沉默的形式永恆存在，那便是我們的真

理。明白詩中的這個「你」是個美麗的禮物，便能與生命和平相處。

　　縱觀歷史，詩人、哲學家和科學家都認為人生的充分展現帶來的平靜便是美。亞伯拉罕‧馬斯洛（Abraham Maslow）博士的研究指出，欣賞美的能力是一種高層次的特質，唯有完整發揮功能的人才會擁有。馬斯洛是研究人類偉大潛力的先驅，他從這些被他稱為「自我實現者」的高功能人士身上，找到了一些特徵。

　　馬斯洛將這種平和的覺知狀態稱為「自我實現」。也許他所描述的「自我實現」與真理有獨特的關係。愛默生認為美是「上帝的筆跡——路邊的聖禮」，並敦促我們所有人「永遠不失去發現美麗事物的機會。」濟慈則似乎超越了對美的欣賞，將美視為真理。

　　所以你的真理是什麼呢？最重要的是，你的真理對你而言必須是真實的。那種真實是指你體會到的情緒和感受。因此，若你感受、明白並體會到了，便是真的，便是美的展現。你的成就感是真切美好的，你對所愛之人的欣賞是真切美好的，你的靈感是真的，因此也是美好的。若你選擇這麼想，那麼濟慈所說的朋友，也就是生命無形而永恆的火花，便會給予你真和美。

　　每當我看著辦公室窗外的那截曾以為枯死的樹幹，便能看見那美麗綠芽、枝幹、樹葉和新枝展現的生命力。我想自己身上也流淌著同樣的生命力，這是我的真理。我與那土中的枯樹幹一樣

擁有這永恆的生命力。當我這代人已化為塵土,生命力仍存留在那些替代我的人之中。這是如此神聖奧祕,但這就是我們的真理,因此我選擇稱呼它為「美」。

在我心中,我知道若我們為整片土地鋪上路面,濟慈所說的「你」便會讓草葉從路磚下萌芽。這個永恆的「你」會再次盛開、美麗而生生不息。這便是世間真理,也是你的真理。用濟慈的話來說,這是你在世上所知及所需要知道的一切。

當心靈敞開,體會美與真理,人類最大的謎團——死亡,便得到解答。這便是二十多歲就染上肺結核的濟慈,在面對身體即將殞落時,敞開心胸體會到的生命真理之美。在你感受到真理的地方看見美,那個美與真理就會充滿體內。了解自己,並忠於真理,你便能擁有美。

對我來說,濟慈這些歷久不衰的詩句似乎在告訴我們,要了解屬於自己的真理,遵從我們的心,我們便會在各處看見美。若不如此,我們便會失去欣賞和體驗生命喜悅的能力,而設法將生命轉化為種子、根莖、花朵,甚至是你的,就是那種無形的喜悅。

練習這麼做,讓這詩意的觀察在你的人生中美好地綻放:

- 想想對自己而言什麼是真理。你自己的真理在何處?你什麼時候最能獲得啟發和成就感?什麼事最能讓你打從心裡滿足?你的答案便是那個「你」,也就是你內在的永恆生

命空間，而因其所生的美便是真實的你。

- 相信自己對美和真理的直覺。練習獨立思考，貫徹自己的真理。若你覺得受到啟發，並產生了內在喜悅，那麼便是真理，便是美。

- 放下評判他人、認為別人的志向與興趣都醜陋不堪的想法。與自己的真理同在，並允許他人有權不受你尖酸刻薄的評判影響。

- 盡可能在各個地方練習給予讚美。大自然會提供各式各樣可見的奇蹟，發現其中的美吧！尋找神聖無形的「你」，你知道它永恆不滅，處處逢生。用心好好體會，若是真，便是美。牢記這件事，不要花費心力別作他想。

〈熱情〉

〈愛的哲學〉

I

泉水與河水匯流，
河水匯入海中，
天堂的風永遠挾帶著
美好的情衷；
世間無一物孤零；
萬物循著神聖律法
融匯於另一個存在。
你我又有何異？

II

看，高山親吻天空，
浪花相互擁抱；
若姊妹花蔑視兄弟花
便無法得到諒解；
陽光緊擁大地，
月光吻著海波：
但若你不肯吻我，

這些甜美又有什麼價值？

——珀西·比希·雪萊（Percy Bysshe Shelley，西元一七九二年至一八二二年）

英國哲學詩人雪萊不願受制於他相信壓抑了愛和人類自由的傳統，反抗英國政治和宗教的束縛。

雪萊的詩留給我們所有人的，是告訴我們熱情面對每日生活的重要性。權威如《大英百科全書》，對這位英國浪漫主義詩人的描述是：「他對個人愛情和社會正義的追求從公開行動逐漸轉為詩句，使他成為英文中最偉大的詩人之一。」熱情投入生活能獲得莫大的回報，尤其當人意識到死亡可能突如其來、毫無預警地發生在如雪萊身上時，更令人深刻感受到這點。

想想看，這個人生活在十九世紀初的英國，冒著生命危險發小冊子，宣傳愛爾蘭天主教徒的政治權利和自治權。他在十九歲時私奔，背叛了兩個家庭。二十四歲時，第一任妻子自殺身亡；兩個孩子在他二十多歲時夭折。後來，他與情人瑪麗·沃斯通克拉夫特（Mary Wollstonecraft）結婚，滿足了他對伴侶「能感受詩和理解哲學」的希望。雪萊周遊歐洲，靠寫作養活自己並出版詩集。他與拜倫在歐洲多個城市舉辦聯合詩歌活動，並稱詩人是世上尚待承認的立法者，因為他們創造了人類價值並塑造社會秩

序的形式。

這個人是狂熱的理想主義者，他寫下對愛情的愛、對熱情的偏執。二十九歲在暴風雨中死於船難前，他就完成了其無數珍貴的詩及散文。不僅是他的詩能將熱情傳遞給我們，他的生活也是如此。他為理想奮鬥，冒著名譽和生命危險，將人生的每一刻都活得精采。從這首〈愛的哲學〉，便可一瞥雪萊這位理想主義者心中的熱情，如他的許多浪漫詩對我說的一樣：「**感受你心悅之人的愛，並熱情表達；否則你的生活會充滿沮喪。**」

愛，是一種熱情的表現，是瀰漫在每個想法、每個清醒時刻中的內在渴望。當我們欣喜若狂地與愛人分享，我們通常會認為這種幸福狀態和性愛與浪漫的感覺一樣。河流、風、山、花和月光之間的所有交融、匯聚、擁抱和親吻，都是雪萊對共享幸福的譬喻。他的意思是，為什麼要不選擇表達這些感受，而讓內心挫敗？我回憶起生命中許多因無法表達的愛而感到痛苦的時刻。我想如果能透過長長的擁抱、親吻和相聚來表達那些愛，我就死而無憾了。

但其他情況下也有熱情，比如創造事物的喜悅。當我們想著生活要有熱情時，重要的是要將注意力放在自己有熱情的事物上。就我個人而言，我透過寫作和對聽眾演講而明白了創造事物的喜悅。我在許多時候都感受到幸福，這與雪萊在詩中所描述的匯流相合一樣。

在跑長距離馬拉松和激烈的網球賽中，我感覺到與身體合而為一的喜悅。我在深度冥想、與妻子散步、或看孩子表演時也體會到喜悅。雪萊說的愛和喜悅的心能使我們欣賞自己所在的世界，欣賞我們心繫之人的美好。他所說的熱情不僅是指讓我們沉迷的性愛愉悅，也不是把今天當作餘生的第一天，而是把今天當作生命中**唯一**的一天（確實是如此）來分享熱情，因為分享的快樂是加倍的。

　　我們常常發現自己因生活態度嚴肅而深陷泥沼，用我們的心智將自己困在焦慮狀態中，或者更糟的是，困在冷漠之中。快樂和喜悅皆來自內心，是無價之物。我們都在尋求快樂和喜悅，但當它到來時，卻又常覺得這樣不太好。要了解這種狀態，關鍵是在生活中投入熱情。不僅是在愛情和性生活投入熱情，在休閒娛樂、工作和你與這光芒四射的宇宙交融的一切觀察中都要充滿熱情。有許多事物能讓你投入熱情。

　　我發現對自己想實現的目標有熱情或強烈的意志，不允許別人抹滅或玷汙他們內心理想的人，似乎總是能在生活中得到他們想要的東西。雪萊的每次呼吸和心跳都包含著熱情的理想主義。從他文采燦爛的詩中便能看見他的熱情。重讀〈愛的哲學〉，然後問問自己：「何不如此？」

　　要熱情地投入生活，請這麼做：

- 明白自己是這個喜樂宇宙的一部分，更常在日常生活中展現自己的浪漫、喜悅、幸福等情緒。當你感到喜悅，好好體會並表達出來。如《新約聖經》所言：「喜樂是聖靈所結的果子。」別自己拒絕了那果子。

- 寫自己的詩。花時間把熱情的感受記錄下來，無論你的熱情所在是陶瓷或古董家具、數學或音樂，用自己的語言表達出來。

- 允許自己做一個熱情的人。對自己所選的事物或人都熱情對待，不要自我批判。當內心批評的聲音使你覺得自己很愚蠢，請溫柔而堅定地叫它去大廳等你，之後若你願意再邀請它過來。

- 經常告訴所愛的人你對他們的感受，這讓你有機會分享自己的喜悅，這麼做也能使喜悅加倍。

- 閱讀、閱讀、閱讀，反覆重讀像雪萊這樣熱情的人所寫的詩。試著感受他們的心在你的心裡跳動，想像自己能看見並感受到他們在你抵達這世間之前所見的一切。

〈溝通〉

〈毒樹〉

我對朋友生怨：

傾訴之間，怒氣消散。

我對敵人生怨：

悶在胸間，任其蔓延。

我惶恐地將其澆灌，

日日夜夜，以我的淚水；

我以笑臉使其燦爛，

待以溫柔欺騙。

它日夜增長相伴，

直至結出蘋果閃閃；

後方敵人垂涎，

其主是誰胸中瞭然。

夜幕遮掩，

其偷入我園：

清晨我見以笑顏，

敵人已倒在樹下長眠。

——威廉·布萊克（William Blake，西元一七五七年至一八二七年）

布萊克為英國詩人、版畫家、畫家及神祕主義者，其詩以神祕主義及複雜的象徵主義著稱。

布萊克是我所景仰的英雄。他是位技藝精湛的詩人、畫家和藝術家，也是一位很有遠見的神祕主義者，但在他的時代幾乎不受重視並被視為瘋子。他的一生都在貧困邊緣度過，死時無人知曉。但今日，這個人被認為是文學史上最具開創力而偉大的人物之一，他的版畫是價值數百萬美元的稀世珍寶。

我反覆咀嚼他的詩，並在許多地方引用他的作品，決定要在本書納入他的哪段詩句是相當大的挑戰。他最著名的詩句是一八〇三年寫的〈純真寓言〉的開場白。「一沙一世界，一花一天堂。掌心握無限，剎那即永恆。」描述了布萊克對感知上帝或無限的心靈力量、想像力的價值和宇宙合一的先知卓見。我在本書其他地方討論過這幾個主題，所以在本章選擇了〈毒樹〉做為這個「瘋子天才」給今日你我的好作品。這首詩創作於約兩百多年前，寫於法國大革命期間，革命發生地距離布萊克寫作的地方只有一百多英里。

〈毒樹〉講的是以溝通維持人際間的愛。此處的關鍵是溝通。「我對朋友生怨：傾訴之間，怒氣消散。我對敵人生怨：悶在胸

間，任其蔓延。」簡單的表達，道出了深刻的道理。當你心生不快，並以常識或勇氣將這種感覺表達給所愛的人，那麼怒氣和憤恨便會如同魔法般消失。

我過去常常在生氣時保持沉默。我承認我想獨自煩惱，在腦海中一遍又一遍與令我憤怒的人對話。只要我與所愛的人或朋友冷戰，憤怒就會持續存在。然而，只要最後有把話說出來，我們就能溝通，表達出自己真正的感受，不管對方聽在耳裡覺得多麼荒謬。且神奇的是，憤怒幾乎瞬間就平息了。「我對敵人生怨：悶在胸間，任其蔓延。」這正是我必須學習的教誨，我承認至今我仍每天都在努力。

在過去的關係中，我常將最愛的人化為敵人。在與他們為敵的那一刻，我便將憤怒藏在心裡，與自己勾心鬥角，創造出一個只有我知道的、複雜到無以復加的情境。因此，將憤怒藏在內心不說出來，使我創造出了布萊克所說的「毒樹」。我用眼淚澆灌它，用欺騙的微笑使其燦爛。結果呢？它繼續生長並結出果實，而果實必然有毒——以至最終摧毀了那些被我貼上敵人標籤的人。他們在那裡，「倒在樹下長眠。」

這首詩有很深的道理，不僅適用於私人關係，也適用於生活中的每段人際關係。每當感覺內心冒出憤怒的火花，如果任其滋長，你便會一步步走向泥潭。擺脫這種困境的方法是停下來，讓彼此化敵為友。告訴那個人：「我覺得你想操控我，但我不願

意！」這種誠實、認真的聲明讓你能把憤怒擱置一旁，抑制毒樹的生長，而不至於最終摧毀了你或任何成為你敵人的人。

同樣的，在親密的家庭關係中，感到憤怒時，練習鼓起勇氣說出感受，不要辱罵或大小聲。我在孩子們身上發現，當我沉默以對，憤怒並不會消失。反而會變得更糟，因為我們都在心裡澆灌自己的毒樹，因為我們已經互相仇視了。當我們坐下來，我表達出自己的感受和失望，事情通常會豁然開朗，讓彼此能坦白表達內心的想法，最後以擁抱和「我也愛你，爸爸」結束。令人驚訝的是，「傾訴之間，怒氣消散。」若想要使自己的關係更幸福，可能要記住這八個字。

在任何伴侶關係中，都無法避免兩個人的衝突。我經常認為，如果伴侶關係中的兩人總是意見一致，那就不需要有兩個人了。你的靈魂伴侶往往是最不像你的人，他可以踩你的地雷讓你氣得半死。正是因為這股力量，那個人才會成為你的靈魂伴侶。當你發現自己處於憤怒中，那個使你憤怒的人正是你那一刻最偉大的老師。那個人在教你，你還沒有掌握好自己，仍然不知道在被踩到地雷時如何選擇平靜。

達到平靜的方式便是將自己的感受誠實告訴朋友、愛侶、孩子、父母或岳母。站在客觀誠實的立場這麼做，然後看著自己的憤怒消失。如此一來，你便完全不可能澆灌並種出一棵毒樹。

要將布萊克這首名詩的想法融入生活，就從以下幾個簡單的

方法開始：

- 發現自己陷入冷戰時，無論是強迫自己還是用其他方式，請用一句簡單的話來打破沉默。可以這樣說：「我們能不能不要有任何評判，說一下自己現在的感覺？」
- 用簡單的話直接描述你的感受，用「我覺得……」開始，強調此時此刻，你最需要的是愛的回應。擁有自己的感受，並感受自己的感受，就像與信賴的朋友分享一樣。這裡的重點不是問題本身，而是讓彼此的感受交流。然後帶著愛去傾聽對方的感受，不要有防備，與「感受」當朋友。
- 給自己一個閉關時限，允許自己只能在這短時間裡不說話。如果時限是一小時，那麼無論你有多尷尬或受傷，一小時後都要敞開溝通渠道。你會發現，比起把自己關起來，溝通才能立刻消除憤怒。
- 永遠不要帶著憤怒去睡覺。這必然會影響到你們共享的能量場，讓毒樹增長。即便可能會丟臉和失去自尊，也要在睡前說出自己的感受，並努力以有愛的方式表達。

愈能營造開誠布公的氛圍，尤其是有分歧的時候，就愈不會讓不同的意見變得不愉快。在意見不同的時候，最容易讓毒樹的種子生根發芽，最後長成一棵樹。

〈衝勁／行動〉

摘自《浮士德》

〈遊手好閒的一天〉

遊手好閒的一天——同樣的故事

明天——更拖拖拉拉；

每個猶豫不決都帶來延遲，

日子在哀嘆流逝的日子中消失。

你是認真的嗎？抓住這一刻——

衝勁之中有精神、力量和魔法。

去做吧，讓心中熾熱——

開始去做，於是工作便完成了！

——約翰·沃夫岡·馮·歌德（Johann Wolfgang von Goethe，西元
一七四九年至一八三二年）

歌德為德國詩人、劇作家、小說家，作品多表達事物自
然、原始的樣貌，而非塑造理想樣貌；另也強調人要相
信自己。

歌德多才多藝的創作天賦，使他成為全世界公認的偉大人

物。身為劇作家、小說家、詩人、記者、畫家、演說家、教育家和自然哲學家，他是文藝復興全才的縮影，並努力不懈在有生之年達到世界級的地位。他在八十二年的人生中達到的成就難以超越，包含一百三十三本巨集，其中十四本為科學研究著作。他的驚人之處在於作品內容包羅萬象，包括童話故事、小說、歷史劇，還有巔峰之作即現代文學經典《浮士德》。

歌德啟發今日我們的地方，與其說是來自他大量努力的創作，不如說是來自他的生活方式。他展現出自己如何積極活出充實精采的生活，鑽研多種興趣嗜好，並帶著喜悅從事各項活動。歌德是個擁有巨大創造力的人，他活得光芒四射。讓他的偉大在今日的世界引領我們，可以給我們許多收穫。

《浮士德》這段選句是自我提升的文獻中經常被引用的段落。你可能聽過或讀過第六句：「衝勁之中有精神、力量和魔法。」許多書都提到過這句話，包括我自己二十多年前的書。在這本集結六十位創作力最豐沛的智者、讓他們透過字句對我們說話的書裡，我決定節錄這段普世認可，對「衝勁」的理想描述。

我寫這本書期間，每天都會打電話把寫的內容讀給編輯聽。她每天都會說：「戴爾，你太棒了！我不知道你怎麼能每天都想出這麼好的內容。不只是創造或書寫，你還要先閱讀和研究資料，然後寫出對這些哲學家和詩人作品的創見。你鼓舞了我！」我會在內心對這恭維默默微笑，然後說這也沒什麼大不了的啦。

要有源源不斷的創造力，最重要的是「開始去做，於是工作便完成了！」這是〈遊手好閒的一天〉的最後一行。

如果我選擇在這天遊手好閒，便會失去這一天，明天還是一樣，最後便會感嘆失去的日子。當歌德問：「你是認真的嗎？」我若能回答：「是」，我便「抓住這一刻」了。這個用八十二年歲月在許多領域得到巨大成就的人，他的建議很有說服力。

不要想著快快完成事情，或者事情看起來有多艱鉅。抓住這一刻，馬上去做就是了。不管是寫信或打電話，不如你現在就放下這本書，把握這一刻。開始就對了！在這裡夾一張書籤，先**開始**去做，再回來繼續讀。你就會發現歌德說「衝勁之中有精神、力量和魔法」的意思何在。

愛迪生的名言「天才是一分的天賦，加上九十九分的努力」，說的便是把握時間。那一分便是認清你的想法和感受。要實現自己的天賦，就要開始以行動落實你受到的啟發。我告訴編輯，我能準時交出這份書稿和完成所有工作的「祕密」，就是無論有多少阻礙或多少其他事情要做，我每天都會在固定時間開始寫下一章。不是一定要完成，但一定要開始。你看，這種衝勁確實有其精神、力量和魔法，因為我一旦開始閱讀、找資料、拿筆寫下第一句，工作就會自然而然地完成。對我來說真的每次都是如此。

我建議你將歌德〈遊手好閒的一天〉貼在自己可能會想偷懶的地方。這樣便能提醒自己要以「衝勁」展開生活中的創意面。

不願意開始會讓人停滯，心熾熱不起來。想放棄、想拖延，都會讓你失去這一天。「說做就做」這個珍貴的訣竅讓我完成我所真心喜愛的寫作工作，也幫助我把握時間，開始去做其他讓我同樣能享受和感受到自身完整和平衡的事物。

光是和妻子聊以後要去哪裡放鬆、好好享受，都只是空談。想到「衝勁」有其力量，確實讓我的身心燃起了動力。於是我說：「夠了，我們別再光說不練，現在就來訂位吧！我來安排日子，一起去放鬆一下！」當我們不再蹉跎光陰，事情總會這麼完成。同樣地，我們也因為沒有荒廢時日而創造了許多家庭活動。現在就去做吧！

說做就做的勇氣來自果敢不凡的人，他們成就了自己。細讀歌德鼓舞人心的話，並運用到生活中，將思維轉移到現實世界。開始吧，看著魔法發生。

要用歌德在《浮士德》中提到的方式練習「說做就做」，請試試以下建議：

- 記下已經想了一段時間、但因為某種原因沒有在生活中實現的五件事。將這幾件事寫在紙上，就是個開始。
- 現在，不管有多大的阻力，只管**開始**去做第一件事。在接下來的四天裡，也接著做其他四件事。不需要努力完成，只要努力開始就好。歌德說投入使人熾熱，你會明白他的

意思。

- 不要再找藉口解釋為什麼自己沒有完成真正重要的事。你沒有完成想做的事，主要原因是你沒有抓住這一刻馬上行動。所有的藉口都只是——藉口。你心裡很明白這點。

- 與那些說做就做、衝勁十足的人在一起。反之，遠離那些鼓勵你沉迷於藉口和解釋的人，避免讓自己的能量場受污染。

〈想像力〉

要是你睡著了呢？

要是睡著後做了夢呢？

要是你在夢中到了天國，

在那兒採了一朵

奇異而美麗的花呢？

要是你醒來時，

手中正好有那花朵呢？

——塞繆爾・泰勒・柯立芝（Samuel Taylor Coleridge，西元一七七二年至一八三四年）

英國詩人及散文家柯立芝是他那個時代最具洞察力的評論家，也是英國浪漫主義時期的知識分子演說家。

　　我非常珍視這首由全世界最知名的詩人、文學評論家、理論家和哲學家之一所寫的詩，並用它作為《真實魔法》（*Real Magic*，暫譯）這本奇蹟之書的開頭詩。柯立芝的創作生活有個核心原則，適用於所有人類和全宇宙。創作的第一個步驟，這個萬法歸宗的原則，便是想像力。

　　這首動人的簡單小詩邀請我們進入想像空間，並思考與現實

的關係。我們所知的真實有其局限，但夢境中的想像力無遠弗屆。我們對現實的認知讓我們無法把夢境中的事物帶入夢醒後的世界，但柯立芝認為我們可以再重新思考一下：**要是**可以呢？喔，那你會如何？

想想自己在夢中能做到的事。每天睡八個小時代表到九十歲的時候，你有三十年都在夢裡。你的人生有三分之一的時間都不在現實中，你打破了與現實的約定，進入某種覺知狀態，而你在夢中想怎麼做就怎麼做。沒有時間框架，可以隨心所欲到未來或過去。你能看見並與逝者對話，想飛就飛，穿過樹林和建築，隨時變身，連變成動物也可以，你可以在水裡呼吸，同時到達許多地方。

夢境最棒的是，夢醒前你百分之百確信自己身處於現實中。在你三分之一的人生中，你擁有威力無窮的無限想像力，無需考慮現實。

醒過來時，你對自己說，現在才是真的，夢裡的都不是真的。柯立芝終其一生都在研究想像力改變認知的威力，也就是那三分之二所謂「意識清醒」時的認知。換句話說，「要是你醒來時，手中正好有那花朵呢？」那麼你便有了分身術，表示你可以同時前往不同地方。

來研究一下「分身術」吧，這個極高層次的覺知能讓人同時去許多地方。這要怎麼做到呢？回到夢境吧！夢裡的每個角色都

是你自己在心裡扮演的。當你在夢中與人交談，你是自己，同時也是那個與自己對話的人。在夢中，你其實並不是在跟別人對話，你同時是自己和對方。你在施展分身術。同樣的，夢中的花朵並不是醒來時所見的花朵。事實上，你便是自己夢中的花朵。因為你一旦離開夢境醒來，想像力便會趨近於零，失去無所不能的創造力。

相信可以把夢中的想像花朵帶到我們認為的清醒意識並不荒謬。你在那三分之一純粹的想像中所能做到、感受、知曉的任何事，都能在其餘的三分之二時間做到、感受、知曉。關鍵在於屏除清醒時刻的疑慮，讓自己在清醒時擁有飛進那喜悅狀態的特權。

我將這首詩讀了千萬遍，詩裡所說的夢境和花朵總提醒著我，要做一個有意識的夢中人，讓自己擁有與夢境中理所當然存在的特權、自由及力量。我想起另一位我喜愛的詩人布萊克，他描述過想像力這個吸引人的世界：「想像是真實而永恆的世界，這植物般的宇宙不過是幽微的影子……想像力才是人類永恆的肉身：那便是上帝自己，神聖的身體……」

對我而言，認為清醒和夢境是兩種不同的現實體驗是很傻的。我知道我的夢並不是清醒時會發生什麼事的徵兆，也不會提供線索給現實的我。對我來說，夢境是開放邀請我進入神祕的想像世界的媒介，是讓我探索、親自了解，並排除所有疑慮，相信想像世界有無限可能的機會。因此夢醒後，我也能進入想像空

間，超越平常的清醒意識，漫遊千里，而這夢醒時的世界不過是我想像力的畫布。

重寫與現實的關係後，你便能用那三分之一人生的經驗來鞏固自己的想像力，不需進入夢鄉，也能達成所有想達成的事。想像自己可以在現實世界中顯化你心想的事物，不受任何疑慮干擾。

記得還是個小男孩時，我在底特律公立小學擁擠的課堂裡，因為老實面對夢境與清醒的分界而遇到了大麻煩。我沉浸在白日夢裡，深深沉醉在自己的想像之旅中。老師問我：「你要回來加入我們嗎，戴爾先生？」我嚇了一跳，第一反應是「不要！」——我為此再度被送進校長辦公室，做為清醒時在教室裡進入想像空間的懲罰。

你相信自己手裡有可能拿著一朵從夢中花園裡摘來的花嗎？我知道這是可能的，想像詩人柯立芝也這樣相信。

要從今天起在生活中運用想像的力量，請這樣開始：

- 永遠牢記，你對自己怎麼想，就會成為那樣的人，謹慎看待對自己有所懷疑的任何想法。
- 記住那些你在當下完全相信的「不真實」經歷，循著夢前進。接著努力消除自己認為不可能的現實想法。從你的意識中根除「不可能」這個詞。真的，所願皆所得。
- 改變你對現實的體認，這麼想：「只要我願意，便可以把

自己在那三分之一生命中所做的事，帶進另外三分之二的時間裡。」

- 讓想像力更豐富。讓自己自由漫遊到腦中陌生的地方，在幻想中探索新的可能，不排除任何事物。這些蜿蜒曲折的想像路徑，最終將成為讓生活掙脫桎梏的催化劑。

　　你的想像力，就如同你的身體，能透過鍛鍊而成長。醒來吧，把那朵花握在手裡。

〈自然〉

〈夜鶯頌〉(節錄)

我今天聽到野鴿

或說或唱著家鄉歌謠;

他的聲音為樹海淹沒,

但有微風與其相和:

他不停唱著,咕咕,咕咕;

他默默唱出心中的傾慕;

他訴說著愛,伴隨靜默,

唱和雖晚,卻不曾停歇;

嚴肅的信念啊,內在的歡喜啊;

就是這首歌——屬於我的歌!

——威廉‧華茲華斯(William Wordsworth,西元一七七〇年至一八五〇年)

華茲華斯為英國詩人,以詩表達對大自然的愛和對人類不分階級的尊重。

　　在我準備寫下這本如何運用智者智慧的文集時,我讀了數千位偉大思想家和詩人的作品,從近代至西元前皆有。各時代作家

的一個共同主題，是對大自然的讚嘆，在詩歌中尤其明顯。這些充滿靈性的作家們似乎將自己融入大自然，在對大自然的惶惑和喜悅中創作。

　　在讀過的上千首詩中，我選了這首詩來做為自然詩的代表。這首詩來自世上最有才氣、最多產的作家之一，華茲華斯。他在十八世紀晚期法國大革命期間的歐洲，寫下他的詩。〈夜鶯頌〉展現了華茲華斯以劇力萬鈞的想像力將自然景象和聲音的記憶化為精神價值的能力。他要告訴我們的是，曠野之地能夠療癒。想想詩人聽見鳥鳴，聽得如此專注吧！這使他能將這基本卻是普世人類皆有的體驗寫成詩（誰沒聽過鳥的歌聲？）他說：「他訴說著愛，伴隨靜默，唱和雖晚，卻不曾停歇；嚴肅的信念啊，內在的歡喜啊；就是這首歌──屬於我的歌！」讓華茲華斯的詩意觀察鼓勵你走進曠野，即使只是自家後院，或是你附近僅有的公園。去傾聽，假裝你是之前曾身在這裡的眾多詩人之一。藉由記下大自然的聲音和景象，讓自己沉浸在當下，關掉所有讓思緒忙碌的干擾，讓「野鴿或說或唱著家鄉歌謠」，而這首歌謠就是為你而唱。的確，荒野及其自然景觀和聲音不僅能療癒，還是一種連結，將你的靈魂與上帝永恆的創造能量相聯繫。

　　這是大自然每年春天都用來書寫《創世記》新篇章的能量。約在同時，大西洋西岸的愛默生，也觀察到了華茲華斯在東岸注意到的事物：「自然之物有自然之力──萬物皆由一股隱藏之力

形塑。」萬物包括所有自然的東西，包括你。是的，你也是這個自然界的一部分。你渴望獨處、自由、成為自己、聽從自己的直覺、不受批評地歌唱、像河流般流動，這些都是經常被忽視的自然本能。

問問自己，你人生中最愉快的回憶是什麼。很可能就是與大自然邂逅的喜悅：海水或海風在海岸拍打或呼嘯的聲音；臉上刺骨冰寒的感覺；海灘上穿透身體的陽光；在樹林中行走時，秋葉的景象和聲音；睡在屋外、聽著黑暗中神祕聲音的露營之旅。你為何失去了那種眼力和聽力？你為何忘記了對大自然的讚嘆？請讓自己回到華茲華斯描述的那個地方：樹木和微風，低語和傾慕。這些不只是詩人的韻律，更是回到遺失的美好的門票。

好幾年前，我在紐約聖約翰大學任教時，在下午上課前最忙碌的幾個小時，我的辦公室外會有一堆研究生等著要問我問題，因為我是他們的指導教授。研究助理不斷打電話進來打斷我們，院長要跟我討論一些行政事宜，我知道再過幾小時就要去上課，所以總會被這蜂擁而至的壓力弄得很焦慮。

在這一陣混亂中，我經常會藉故離開，跟助理說有急事，等一下回來。我會跑到辦公室附近的公園，找到最愛的那張長椅，讓自己身處在樹木、自然景物和聲音中。我會在那裡坐十五分鐘、聆聽大自然的聲音。這個寧靜片刻能療癒我，讓我重回理智。系上的人從不知道我去了哪裡，或是去處理什麼急事。但當我回

來後，各種問題就解決了，需要我協助的學生也得到一個消除了壓力的教授。我現在回頭看，發現自己正是用華茲華斯詩中的智慧來面對那個處境，讓自己與自然的符號和景物對話。

許多受我們尊敬的詩人和作家都不約而同地發現大自然是他們靈感的泉源。在大自然中，人會放下所有評斷和虛假偽裝，因為大自然不評判任何人。美國知名環保領袖約翰‧繆爾（John Muir）曾說：「大自然的壯麗劇場是永恆的：某處總會有夕陽；朝露從不會立即乾涸；雨雪永遠會落下；蒸氣永遠往上升……」當你善待自己如自然一般，你便會成為那永恆劇場的一部分，你的靈魂便有機會與你和你的世界和平共處。

華茲華斯的抒情短詩不僅是在觀察大自然中的一隻鳥，還是對我們所有人的請求，希望我們放下讓我們崩潰的小事，尋找大自然，並在大自然的景物和聲響中和平相處。誠然，自然萬物皆為你而歌。

要體會華茲華斯想對你說的話，試試以下做法：

- 如果可以的話，每個禮拜或每天給自己一段時間，赤足走在草地上，或讓自己沉浸在大自然中傾聽。甩開作業報告，甩開責任，純粹聆聽並觀察大自然的美好無暇。記得，曠野之地能夠療癒你。
- 以自創詩句或文章寫下對大自然的想法。別管押韻和文法

規則。我有位朋友在自然環境中給自己一些時間後，描述自己如何「由怒轉喜」。讓自己成為詩人，與大自然交流時記錄下神聖的直覺，如同幾個世紀前的華茲華斯。

- 下一趟假期規劃在大自然中待久一點。可以考慮到山區遠足、泛舟、滑雪或露營。這些快樂的事將帶來你所尋求的幸福和一輩子的回憶。

- 在戶外睡一晚看看，即使只是在後院搭帳篷。和家人一起，尤其是你的孩子，並留意他們在大自然中有多興奮。這樣的興奮感便是你在生活各個領域要去找回來的，讓自己的自然天性扮演更主導和熱情的角色。

〈愛情〉

摘自《葡萄牙的十四行詩集》

〈我如何愛你〉

我如何愛你？容我細細道來。

我愛你的深度、廣度、和高度

是我靈魂的極限，直到看不見

生命的盡頭和上帝恩典。

我愛你如每日的

陽光和燭光，最靜默無聲的供給。

我自由地愛你，因那是人類的權利；

我純粹地愛你，因那是天堂的贈禮。

我熱烈地愛你，以舊日悲傷

的激切，並報以童稚的信任不疑。

我虔誠地愛你，以至於似乎拋棄了

對聖賢的崇拜──我以呼吸、

微笑、眼淚、畢生所有愛你！

──若蒙上帝恩召，我只會在死後更愛你。

──伊莉莎白・芭雷特・白朗寧（Elizabeth Barrett Browning，西元一八〇六年至一八六一年）

芭雷特為英國詩人，也是詩人羅勃特‧白朗寧（Robert Browning）之妻。她的詩中蘊含廣泛的人道主義、特立獨行的宗教觀、對所居住國家義大利的愛，以及對丈夫的愛。

芭雷特這首十四行詩也許是所有愛情詩中最著名的一首。沒有人聽到「我如何愛你」之後不會自動接下一句「容我細細道來」。實際細數愛一個人的方式是絕妙的主意，在愛情中尤其如此。

芭雷特和白朗寧（本書也會提到這位大詩人）的愛情故事是各時代最偉大的愛情故事之一。這兩位敏感的詩人因愛結合，甚至在相識之前便透過詩相戀。芭雷特於一八四四年出版了第二本愛情詩集，在倫敦文學界廣受好評。一八四五年一月，她收到當時已負盛名的詩人白朗寧的一封信，信中寫道：「親愛的芭雷特小姐，我真心喜愛妳的詩。如我所說，我真心喜愛這幾本詩集——我也愛妳。」他們後來在那個夏天相遇，並於次年結婚。芭雷特年輕時患過重病，與父親同住，父親完全不知道她與白朗寧通信並戀愛。事實上，他們連結婚都保密，並在沒有得到父親同意的情況下，為了她的健康搬到義大利。芭雷特的父親於一八五六年去世，從未原諒女兒的行為。

芭雷特和白朗寧在義大利過著浪漫幸福的生活，一八四九年

她生下了他們唯一的孩子。她寫下許多慷慨激昂的詩句反對美國的奴隸體制。一八六一年，五十五歲的她再次病發，在丈夫懷裡過世，臨死時聽他訴說著對她至死不渝的愛。

芭雷特的故事就體現在這首著名的十四行詩中，收錄在《葡萄牙的十四行詩集》裡。她的最後一句表達了對丈夫的深愛。他還未見過她的臉，僅僅因為她優雅的靈魂便愛上了她，因她用情詩說：「若蒙上帝恩召，我只會在死後更愛你。」

在這首十四行詩中，一個女人傾訴對心愛男人的深情，並對我們所有人說，相愛並不是被雷打到，讓你目瞪口呆，讓你因為愛得過於濃烈而因此萎靡不振。讓人感覺陷入情網的不是肉體的吸引力，而是許多小事串成浪漫愛情的感覺。如這首詩中所說：「我愛你如每日的陽光和燭光，最靜默無聲的供給……」若你感受到那種美妙的感受，請習慣常常將感受「細細道來」。

我的妻子瑪絲琳很美，每次我看著她，都覺得我何其幸運能愛上這樣一個天使般的存在（並得到愛的回報）。然而，我愛的並不是她的外貌，正如同芭雷特也沒有在詩裡提到她先生有多好看。這些小地方每個都微不足道，但匯聚在一起就成為愛情的泉源。

我看著妻子睡覺的樣子，她的雙手彷彿祈禱般交疊。她躺在那裡，整晚不動，看起來就像個天使，這就是我愛她的地方。

我看見她與孩子們一起，滿足微笑著看著他們玩鬧，雖然這

畫面很小，而且我通常不會說出來，但這就是我愛她的地方。

　　我早上起來要去晨跑時，大家都還未起床，但我打開廚房燈時，就知道她又幫我準備好了杯子和攪拌棒，讓我可以做早餐奶昔。不是什麼大事，但我注意到了，這就是我愛她的地方。

　　她去運動回來，走進浴室時滿身汗、閃閃發亮、如此動人。這不是什麼魔法，但我注意到了，而那是我愛她的地方。

　　我觀察著那身體裡的靈魂，有個聲音默默說：「我隨時都在，我關心所有遇見的人，我付出不求回報，我對比我不幸的人溫柔，我尊崇神，我會因暴力深深難過。我與你夫妻一體，永遠會站在你這邊，這份愛永無止息，死亡也不會使愛消失。」我發現那個靈魂很安靜，但只對我說話，而那就是我愛她的地方。

　　我可以繼續細數一千頁我愛她的地方，但我想此刻重點已很清楚。我們最深的愛，就表現在日常生活的細碎瑣事中。走進我們內心的正是那些感受，然而卻是我們最少表達出來的。

　　在這首特別的情詩裡，詩人說她全心全意地愛，而她表達的方式是這樣的：「我以呼吸、微笑、眼淚、畢生所有愛你！」我太了解這種感受。我的呼吸是我的生命，而我用讓我能繼續呼吸的能量愛著妳，瑪絲琳。妳的呼吸和我合而為一，而那便是我愛妳的方式。那些美好時光、愉悅的浪漫晚餐、在黑暗電影院裡觸碰妳的手、單獨野餐後在無人沙灘上做愛、在每個孩子出生時微笑。我們有許多笑容，全都是我愛妳的方式。

生活中的眼淚也是我們稱為愛的一部分，而且很重要。那些失望、爭吵、過去因為未解之事而遭受的分離之苦。「我如何愛你？」我們人生中的所有眼淚都是愛的方式，這便是我的答案。

　　然而，唯有從各種小地方自由且純粹地去愛，才能永保熱情。這首情詩在對一百五十年後的我們說話，也會對數千年之後能從心中與靈魂中感受到自由純愛之火的人說話。這首詩對我們說的話似乎已經很清楚了，花一些時間細數愛的方式，更重要的是，再花些時間對心愛的人表達你的愛，便會感受到芭雷特對心愛之人的感受，以及我今日的感受。「我愛你的深度、廣度、和高度是我靈魂的極限」，說得再好不過了！

　　要將你的生活與這首世界級的情詩結合，請開始：

- 把你注意到、覺得可愛吸引人的小事告訴心愛之人。大聲說出來，便是將自己與對方分享的愛表達了出來，創造出讚賞的氛圍。
- 意識到那個身體內的人是誰，而不要只關注那個身體的外在。對他們的仁慈、對他人的愛、對所有生命的崇敬表示欣賞。
- 寫詩或情書給心愛之人。別管寫得好不好，把重點放在傳達自己的感受上，無論是什麼感受。你所愛的人會永遠珍

藏這首發自內心寫下的詩,還會裱框並大方展示,因為這首詩的意義重大。

〈與眾不同〉

摘自《湖濱散記》

若一個人沒有跟上同伴的腳步，也許是因為他聽見不同的鼓聲。讓他順著聽見的音樂去吧，無論有多遠。

——亨利・大衛・梭羅（Henry David Thoreau，西元一八一七年至一八六二年）

梭羅於哈佛大學受教，但選擇了不被認可的職涯，成為了作家和詩人以滿足靈魂渴求。他愛大自然、自由和個人獨立，和愛默生同是美國超驗主義的一股力量。

過去這些年來，我最喜歡聽到讀者或聽眾告訴我：「你的話讓我終於知道自己沒有瘋。大家一直跟我說，我的想法不對，但你的話讓我知道，我沒有問題。」讀到梭羅的作品時，我也有同樣的感慨。

我經常想像自己和梭羅一樣，在樹林裡過著簡樸從容的生活，自給自足，寫下靈魂最深的感觸。但不只是寫下來而已，不管別人怎麼想、怎麼回應，都要依寫下的想法生活，似乎才更為可貴。

我們每個人心裡都有個聲音悄悄說：「去冒險，追求夢想，

把人生過得精采一點，只要不傷害任何人，有何不可？」接著外面會有個聲音大喊：「別傻了，你會失敗的！像大家一樣就好。做自己想做的事很自私，還會傷害別人。」

這些聲音伴隨著我們，不斷大聲督促我們跟上他們的步伐，並威脅我們如果不跟上就要排擠我們。

我觀察到，整個社會似乎總是尊崇墨守成規的活人和製造麻煩的死人。所有在某個領域有所作為的人都聽過那些音樂，並不顧他人意見地勇往直前。為此，他們被貼上製造麻煩、頑劣、甚至格格不入的標籤，但他們死後卻備受推崇。梭羅就是如此，他因在〈公民不服從的必要性〉一文中的立場受誹謗，並因為拒絕遵守他認為荒謬的裁決而入獄。然而今日，幾乎所有高中和大學都規定要讀他的文章。

你內心聽到的鼓聲是你與靈魂的聯繫。若為了順應社會而忽視它或壓抑它，它會繼續困擾著你。那些要你跟著他們聽見的節奏前進的人，通常是出於好意，而且是出自愛你的立場。他們會告訴你：「我都是為了你好」和「我有經驗，如果你不聽我的話會後悔。」你傾聽並百般努力成為每個人都希望你成為的樣子，但那沒人聽見的煩人鼓聲遠遠地在意識邊緣敲打著。如果繼續忽視它，人生會有遺憾。你甚至得學著「在舒適中受折磨」，最多只能這樣。

十九世紀的梭羅直接告訴了你什麼是自給自足和快樂。無論

內心聲音告訴你要成為什麼樣的人或要去做什麼，只要不會干涉到他人追尋夢想的權利，就勇敢傾聽並隨著只有自己聽見的旋律起而力行吧！也請這樣對待身邊那些聽見不同鼓聲的人，一定要允許他們隨著自己聽見的鼓聲行進，即便你聽來可能刺耳又走調。

如果每個人都聽著同樣的節奏踏步，沒有人與眾不同，那我們會都還住在洞穴裡，用古法煮食：「抓一隻牛，剝皮、烤肉、吞下肚」。進步是因為有人不顧周圍的人反對，跟隨心裡的聲音行動。

我家有八個帥氣美麗的孩子，如果他們全都來上我的課，跟我有一樣的興趣，在我離世之後繼承我的志業，那不是很好嗎？但我和太太都知道，有些孩子對我熱愛的事物興趣缺缺，有些孩子則似乎躍躍欲試。有的孩子只想騎馬，有的孩子只想唱歌和表演。有個孩子喜歡經濟和會計（咳！），另一個喜歡廣告和滑雪。他們都聽到了屬於自己的鼓聲，有時候與我所聽見的相去甚遠。但我必須尊重他們的直覺和選擇，只須引導他們遠離險路，之後他們便能成為自己的嚮導。我總是依照自己的節奏前進，而這個節奏經常與我的家人不同，也與我的文化不同。

我寫了一些挑戰傳統心理學的書。我在書中寫到我認為是常識的事，即使與當代最熱門的專業智慧相差一百八十度。因為我總是忽略別人逼迫我做的事，所以我從來不會硬要聽眾用我的方式生活。

想像一下自己身在南北戰爭前的一八四〇年代，你和梭羅一起穿過樹林。他的觀察並不是來自讀過或聽過的理論，而是來自看見美國原住民在白人對待下的恐懼後，對這種從眾行為的憤怒。他知道將印第安人從他們的土地上趕走，是一種大屠殺。所以他遁居大自然，體驗遠離群體壓力的自給自足生活。他沒有與同伴踏著相同步伐，所以在當時飽受批評。

然而，時間證明他是我們尊敬的那些麻煩製造者之一。在心中與梭羅同行吧！傾聽自己聽見的聲音，只有你能感受到的鼓聲，讚許它，並尊重你愛的人心中的不同鼓聲，無條件的愛莫過於此。雖然你活著的時候可能得不到什麼好處，但你能放心地知道自己實現了神聖的目標，並鼓舞了其他人。

要將梭羅的建議付諸實踐：

- 拒絕用自己是否符合旁人的期望來評價自己正不正常。如果你感覺到那個聲音，也不會傷害任何人，那麼這個聲音就是真實、正常的。
- 提醒自己，你將遭到誤解，甚至你身邊的人可能會很氣你隨意用自己的節奏前進。別往心裡去，一秒鐘都不要。那只是讓你服從的計策，你不回應的話，那些憤怒便會很快消失。
- 讓屬於你圈子的人（家人和朋友）能快樂地依照自己的節

奏前進，且無需解釋或捍衛他們的選擇。你用和平與愛來代替憤怒與怨恨，所有人都能享受自己聽見的獨特音樂。

〈崇敬自然〉

在〔你們白人的〕城市裡找不到寧靜的角落，沒有一個
地方能聽到春天的樹葉窸窣作響或蟲鳴……印第安人更
喜歡微風拂過池面的溫柔聲響，以及被午後陣雨洗淨或
帶著矮松香的風的氣味。對紅人而言，空氣很珍貴，因
為動物、樹木、人類等萬物共享著同樣的空氣。白人似
乎不在意他們呼吸的空氣，就像死了好幾天的人，城市
人對惡臭麻木不仁。

——西雅圖酋長（Chief Seattle，西元一七九〇年至一八六六年）

西雅圖酋長來自蘇跨米西—杜瓦米什族（Suquamish-
Duwamish）部落，他與普吉特海灣的白人有往來，並簽
下了一八五五年的埃利奧特港條約，割讓印第安人的土
地並建立保留地。

　　這一章獻給美國原住民的智慧，他們的話語反映出對自然界
所有神聖事物的崇敬。以下將引用一些美國原住民的話，其中蘊
含深意，充滿智慧與平和，值得我們閱讀與分享。本章是用來紀
念他們及我們都是身為一體的存在。他們的智慧結晶傳承了對環

境的熱愛和尊重。

西雅圖酋長

　　西雅圖酋長最為人知的是他寫給美國總統的一封信，要求他以印第安人的思維來做決策。他寫道，地球的每一部分對他的族人來說都是神聖的，而我們都是這珍貴的地球的一部分，都是精神上的兄弟。在開頭那段話中，西雅圖酋長要我們多察覺細柔的聲響和生命的美好香氣。這樣一來，我們會更尊重環境，不僅是因為自然美景，也因為意識到彼此都是這個相互交錯的生命網的一部分。我們共享同樣的空氣、動物、樹木和彼此。

奧倫・里昂（Oren Lyons）

　　以下引用奧農達加（Onondaga）信仰守護者奧倫・里昂的話，他告訴我們，他們族人在做決策時，會想到未來的七代人：

　　在我們的生活方式、我們的管理階層裡，每一個決策都要想到未來七個世代。我們的工作是確保未來的人、尚未出生的世代，不會擁有一個更糟的世界──希望是更好的。當我們行走在大地時，總是小心地站穩腳跟，因為我們知道後代正從地下仰望著我們。我們不會忘記他們。

但願我們以進步和今日擁有的權利的名義來踐踏森林、汙染天空時，也能想到那些未出生的世代。

〈狼歌〉

但願我們也能提醒自己，萬物環環相扣，每個生物都是生命神聖循環的一部分，正如阿貝納基（Abenaki）部落的〈狼歌〉所說：

讚頌和尊重意味著我們要想到，我們生活的土地、水、植物和動物與我們同樣有權在這裡。我們不是生物演化的最頂端，不是至高無上、無所不知的存在，我們其實是生命神聖循環的一部分，和樹木與岩石、郊狼與老鷹、魚與蟾蜍一樣，各有存在的目標。他們在這神聖循環中各有任務，我們亦然。

在城市裡，我們因文明失去了恩典和自然。我們創造了嘈雜、骯髒、擁擠的地方來群聚生活，在這個過程中，我們的靈性變得遲鈍。對我來說，走入大自然直接體驗這個神聖循環，是最能讓我恢復活力的方式。

行走水牛

我們的課本和學習場所確實為我們提供了一個充滿活力的環

境。而在我看來，「行走水牛」（印第安斯托尼族〔Stoney〕人塔坦伽‧瑪尼〔Tatanga Mani〕）則似乎提出了另一個環境，讓我們能從地形、景物和周圍環境受益。他觀察到：

哦，是的，我去的是白人學校。我學會閱讀課本、報紙和《聖經》。但隨著時間的推移，我發現這些還不夠。文明人太依賴人造印刷品了。我轉而閱讀那本大靈（Great Spirit）之書，也就是所有造物。若你研究自然，便能好好品讀那本書。你也知道，如果把所有的書都拿出來攤在陽光下，讓雨雪和蟲子在上面待一會兒，就什麼也沒有了。但大靈早已為你我提供了自然大學，讓我們有機會了解森林、河流、山脈和包含我們在內的動物。

他要求我們思考所有造物，將所有生物和整個自然視為和我們息息相關的事物，如同我們的手腳和心臟。要達到這樣的體悟，我們就要超越，不再認為自己與其他生命是分離的，不再感覺自己受到時空限制。美國原住民相信「隨處都是世界的中心，一切都神聖無比」。

立熊魯瑟

在我們帶來「精緻」和「文化」等所謂的文明教化之前，印第安人就住在這裡了。在我們努力提升靈性並重新與上帝連結

時，他們傳來一個訊息。印第安人稱上帝為瓦肯‧坦卡[1]（Wakan Tanka），認為所有生命都有這個本質。風和浮雲來自上帝的推動，平凡的樹枝和石頭是宇宙無所不在的神祕力量的顯現。奧格拉拉蘇族（Oglala Sioux）酋長「立熊魯瑟」（Luther Standing Bear）用詩來解釋何為上帝：

印第安人喜歡祝禱。

從出生到死亡，他都敬服

周圍環境。他感悟

自己生於地球之母

珍貴的膝上，無處

不偉大。他與

大聖之間無阻無礙。

心有靈犀如

親密無間的祝福

瓦肯‧坦卡灌注

印第安人，彷若雨絲

來自天幕。

1　編註：即「大靈」之意。

若你是在這種崇敬環境的心態中成長，生活會更加平靜和快樂。我很喜歡與「大聖」（Big Holy）心有靈犀的想法，我們每個人都渴望在生活中重建這層連結，而立熊魯瑟的觀察也許是一種方法。環顧四周，保持敬畏，同時鼓勵其他人也這麼做。

行走水牛

再回來談談行走水牛的智慧。建議你離開都市到荒野居住是無稽之談，現代化的生活何其方便，我們建造城市就是為了久居，有好也有壞。但我們的都市生活也讓我們遠離了自然的靈性和諧。

行走水牛於一九六七年過世，享壽九十六歲。城市與自然這兩個世界他都見多了，並留下這段話給我們：

你知道，山總是比石造建築美麗。城市生活是人造的存在。很多人幾乎沒有用腳感受過真正的土壤，沒看過不在花盆裡的植物，沒走出過街燈範圍之外，看看星羅棋布的夜空魅力。當人們遠離大靈創造的地方時，就很容易忘記大靈的法則。

他不是要我們搬家，而是要我們記住，記住所有生命都是神聖的，並時時刻刻意識到這神聖循環中的自然法則始終在運作。無論住在哪裡，無論所處的環境如何，這些自然法則都在其中運

作。空氣、水、樹木、礦物、雲、動物、鳥類和昆蟲都支持著生命。想想我們的遠古祖先，他們在這片土地上生活了數千萬年，對自然法則懷有無限敬意。這就是我們今日所說的「生態意識」。印第安人認為要想到七代人，才能延續生命的寶貴之處。這些印第安人的詩要我們重新點燃那道神聖火焰。請仔細思量，開始讓這些古老的智慧進入日常生活。

我用這段奧吉布瓦族（Ojibway）的禱文做為本章結尾，感謝這些印第安人的貢獻，我們每天都應好好閱讀，並運用其中的智慧。

祖父，

看看支離破碎的我們。

我們知道，在所有生物中

只有人類

已偏離聖道。

我們知道

我們被分裂

而我們

必須一起回來

走在神聖的道路上

祖父，

聖者，

請教我們以愛、同情、榮耀

來治癒地球

並互相療癒。

要將這些印第安人貢獻的重要訊息融入生活，請從今天開始：

- 尊重周圍環境，時時對如此多被認為理所當然的事抱持感激。每天以無聲的感恩儀式為動物、陽光、雨水、空氣、樹木和土地祈福。
- 為環保機構出一分力，從生活中提倡生態意識。有意識地努力減少汙染，少丟垃圾，並回收再利用。你的個人行為能重新創造出對地球和宇宙的尊重和崇敬，而地球和宇宙便是我們神聖的生命網絡。
- 花更多時間身處在大自然中，聆聽大自然的聲響，赤腳走在地上，讓自己重新與支撐、延續生命的事物有所聯繫。
- 以身作則。與其抱怨別人亂丟垃圾，不如把那個鋁罐撿起來好好丟棄，即使沒有人在乎。讓年輕人看到你正在這麼做。
- 重複奧吉布瓦族的禱文，提醒自己要協助治癒地球和彼此，讓生活的每一天都有愛、同情心和榮耀。

〈評判〉

〈寓言〉

大山和小松鼠

吵架鬥嘴，

前者說後者是「小鬼」。

小松鼠回嘴：

「你是很雄偉，

但各種事物和天氣

都加在一起

才構成年歲

和世界。

住在這一方小天地

我不以為意。

若我不如你巍峨，

你自不比我小巧，

更不及我敏捷。

我不否認你打造了

一條美麗的松鼠小道；

天賦不同：一切都安排得正好；

若說我扛不起森林，

你可也撬不開果仁。」

——拉爾夫・沃爾多・愛默生（Ralph Waldo Emerson，西元一八〇三年至一八八二年）

愛默生為美國詩人、散文家和哲學家，是一位堅定的樂觀主義者，相信自然是精神的化身。

愛默生是我非常崇敬的作家，因此也是本書唯一選擇收錄兩段文字的人，一段選用他的詩，一段則選用他深具開創性的散文。愛默生是美國超驗主義傳統的創始人，強調宇宙無處不在的「精神」，神無處不在。在〈寓言〉中，愛默生以小松鼠和大山之間充滿詩意的爭執來呈現這個觀點。

要了解愛默生有多偉大，就要明白在他的時代，人們認為只有宗教才能給予精神指引。愛默生挑戰傳統宗教的教義和辭彙。他認為神性無所不在，從這種新意識來看，神性並不會因為物質形式的外在大小而增減。

松鼠這種毛茸茸的小嚙齒動物擁有無形的神力，而能扛住整座森林卻不能撬開果仁的大山也一樣。在這首詩中，愛默生說，無論我們是什麼形狀、大小或靈活度，每個人都是神聖的創造物，擁有實現命運的機會，無須受他人影響。所有樣貌的生命形

式都是如此。

我記得我偉大的老師馬哈拉講過類似的故事，他住在印度，被許多人視為精神崇高的聖人。一位信徒想知道馬哈拉為什麼說：「在我的世界裡，一切都是對的。」馬哈拉用猴子與樹聊天的故事來回答。

猴子對樹說：「你的意思是說，你一輩子都待在同一個地方，從不離開？我不懂！」

樹對猴子說：「你的意思是說，你居然整天花力氣跑來跑去？我不懂！」

馬哈拉的故事是為了幫助他的弟子了解，我們對自己身體的認知會影響到對精神層面的理解。評斷他人的場景，就和猴子想了解樹，或樹想了解猴子時的場景一樣。如同愛默生在詩中表達的，更高的現實是，這兩種生命形式擁有同樣的宇宙組成智慧，但卻無法了解彼此。愛默生的寓言和馬哈拉的故事與我的生活特別有關。

最近我和妻子瑪絲琳合寫了一本書，叫做《承諾就是承諾》（*A Promise Is a Promise*，暫譯）。書裡寫的是一個真實故事，有位母親照顧昏迷的女兒超過二十八年，每兩小時餵她一次、替她翻身、每四小時給她一次胰島素、籌募資金支付開銷、每晚睡在女兒旁邊的椅子上。二十八年前，當時十六歲的女兒艾華達因糖尿病陷入昏迷前央求她：「媽媽，妳不會離開我吧？」母親凱伊

回答她：「親愛的，我永遠不會離開妳，說好了，承諾就是承諾。」

在接下來的二十八年裡，艾華達從第一級昏迷開始，因肌肉僵直使她不得不以膠帶貼住眼皮才能閉上眼睛，直到第九級昏迷時，她似乎只剩對人聲有反應，能微笑，難過時也會哭泣。她自主地閉著眼睛，有時似乎會對房間裡的事物有反應。但這個故事最令人驚嘆的是，艾華達影響了那些來探望她的人。有些人說自己奇蹟似地被治癒了，而每個人都能感受到艾華達動彈不得的身體中散發出的無條件的愛。

由於我們與凱伊和艾華達認識，我和太太都感受到深深的同情和愛。我很幸運有機會用自己的寫作和演講天賦，把這個充滿愛與同情的故事分享出去，並用所得來減輕他們的巨額債務。因為凱伊和艾華達，我才能放下自我中心，以更高的奉獻精神服務他們。

儘管艾華達不會動，基本上是一動也不動，並且被全世界貼上殘疾的標籤；即便她從不說話，並且需要人持續照顧，但我知道她在盡一份力。誰知道呢，也許她透過我和我的寫作與演講接觸到的人比她醒著的時候還多。也許她能幫別人創造奇蹟，因為她已經離開了自己的身體，不再受肉身限制。誰說不可能？

然而我知道，艾華達的生命與這地球上的其他人一樣寶貴。不一定要會走會跳會說話才是有生命。她昏迷的身體中的生命力，與每個人、每座山、每隻松鼠、松鼠撬開的每顆堅果的生命

力是一樣的。艾華達的人生有一個使命，她每天都以她命定的方式去完成。她教我們要有同情心，她教我們認識無條件的愛，她讓我有機會親眼看到所有生命都有無限價值。我不想假裝自己理解這個年輕女孩為什麼能以這樣的狀態生活，四分之一多個世紀都不似有生命跡象。有些事情我永遠無法理解，但我很喜歡。

因為認識艾華達和寫了《承諾就是承諾》這本書，我學到的是，我就像對樹說話的那隻猴子，或是對大山說話的小松鼠。牠們能四處跑跳，並對沉默靜止的事物喋喋不休，而它們的靜止和沉默只是同一股生命力的不同形式。

愛默生的〈寓言〉讓我們能以詩意洞察這股無處不在的生命力。能認知到生命的力量，不因為不同的身體樣貌而自視甚高，這是精神成長之路上的重要一課。

要將這重要的一課運用到生活中：

- 不要以自己認知的「正常」來評判他人的重要性或價值。明白神存在於每個人和所有生命中。要知道在無形的精神領域，沒有誰比誰高貴，我們只是各有不同的外表形狀、大小和條件。
- 去發掘所遇到的每個人的天賦。就如山雖能扛住森林，卻不能撬開堅果，每個生物都有自己完美的樣貌。盡一切努力去尋找那個完美，不要被外在容器的樣貌誤導。

- 開始練習簡單的智慧：「有很多事情我不懂，但我喜歡這樣。」
- 不要用「正常」的標籤來判斷比較。大多數人都看得見，並不代表盲人無足輕重。大多數人能活蹦亂跳，並不代表那些靜靜躺著的人比較不寶貴。

〈依靠自我〉

摘自〈依靠自我〉

我們獨處時會聽見這些聲音，但當我們進入塵世，這些聲音便愈來愈微弱，最後就聽不到了。社會到處都是阻礙其成員成熟的陰謀。社會如一間股份公司，在這公司裡，成員們為了從各股東手中保住自己的飯碗，同意放棄自由和教養。最大的美德是從眾隨俗，依靠自我則是不可取的。**社會喜愛的不是現實和開創者，而是頭銜和傳統。**

不墨守成規的，才算是真正的人。任何摘採不朽棕櫚葉的人，都不應被善的名義制止，而是**必須認清那是否為真善**。沒有什麼比心靈的真誠正直更加神聖。〔粗體為作者所強調〕

——拉爾夫‧沃爾多‧愛默生（Ralph Waldo Emerson，西元一八〇三年至一八八二年）

愛默生為美國詩人、散文家及哲學家，以挑戰傳統思維聞名，提出以直覺做為理解現實的方式。

這篇〈依靠自我〉的思想影響了我所有的寫作，儘管愛默生在一個多世紀前就已離世，我仍將他當作老師般景仰。愛默生的散文和詩一樣廣為人知。在這篇他最著名也最常被引用的文章中，這位爭議性高的美國作家（又稱為超驗主義運動之父）深入研究什麼是「做自己」的基本原則。我仍記得高中十七歲時，〈依靠自我〉以及愛默生同時代的梭羅寫的〈論公民不服從的必要性〉對我的影響。

　　在這段簡短的摘文中，愛默生說要當一個不墨守成規的人才算真正活著，還有抗拒「濡化」是必要的。他斷言，社會要求大眾犧牲個人自由而順從──你若不融入就會被捨棄。愛默生堅持人心是正直完整的，本質是神聖的。請記住，愛默生是以牧師的身分告訴我們，心靈是神聖的：神聖的不是規則、法律和社會習俗，而是你的心靈。愛默生在〈依靠自我〉中更說：「除了我自然的本質，沒有任何規章律法對我而言是神聖的。」這個極其勇敢的宣言來自一個無所畏懼的人，他知道「神性」和「神聖性」並不在教堂這類機構中，而是在個人心靈裡。使我們成為神聖造物的是我們的行為舉止，不是身為社會成員的身分。讓我們變得神聖的，不是我們多擅長用法律規章來保護自己的惡意或虛榮

1　譯註：濡化，受某種團體文化或次級文化的薰陶，而養成某些獨特行為與價值觀念的過程。

心，而是我們如何用心成為有自由思想的人。

仔細想一想，人類犯下的罪惡大多是在社會法律的保護下完成的。蘇格拉底被殺是因為法律說處死有異議的知識分子是妥當的。聖女貞德被燒死在火刑柱上，是因為法律就是如此規定。希律下令殺死全國男嬰，是因為國家是他在統治。我母親出生時，美國有一半人口（也就是所有女性）不能投票，因為法律就是如此。我出生的時候，數百萬人被驅趕進死亡集中營，所有財產都因不人道的法律而充公。是法律要求黑人坐在公共汽車的後排座位，喝水要到不同的飲水區，要被隔離並過著次等生活。所以請不要用社會的法律和規範來為自己的行為辯解。

真正理解「依靠自我」意義的人知道，他們必須依心中的那把尺而不是規範來過生活。你幾乎永遠找得到某條晦澀難懂的法律、規則或社會傳統，可以把任何事情說得很合理。那些不重視自己心靈正直與否的人，確實就會用法律來解釋他們為什麼要這麼做。渴望成為更神聖的存在，意味著要擺脫對盲從的依賴。

愛默生在這篇帶有挑釁意味的文章中繼續說道：「想到我們如此輕易屈服於獎章和頭銜、大型社會和死板的機構，我便覺得羞愧。」他公開談論存在已久、受法律保護卻不道德的奴隸制度。「我應保持正直活躍，設法說出赤裸裸的真相。如果惡意和虛榮披上了慈善的外衣，我們要接受嗎？」如果可以的話，別忘了愛默生說和寫下這些話時，奴隸制是合法並受到社會認可的。

這篇關於「依靠自我」的文章，要對今日的我們說什麼？它鼓勵我們培養道德精神，而不是將規則或法律當作自己的內在準則。如果我們知道某件事是對的，就會感到這與自己的精神原則相契合，而許多原則已在本書中提及。

　　例如「悲憫」。法律合法處決囚犯時毫不留情，然而立法者、陪審團或新聞說肇事者泯滅人性時，卻又容許法律如此無情？你必須以自己覺得什麼是正確的來判斷。如果「悲憫」在你的精神修養中是重要的事，那麼說他人泯滅人性時，你便很難為自己為何忽視內心真理而辯護。這便是依靠自我，不要從眾思考或用多數標準來做為自己內在真理的判準。愛默生不是要你故意違反法律，而要是用自己的道德意識來生活。他說得很清楚：「不墨守成規的，才算是真正的人。」

　　我認為將愛默生這個深刻真理融入生活的最好方式，便是學會「安靜的影響力」。也就是說，你不必公開表示自己拒絕從眾，而是保有自己的內在力量，懂得靠自己安靜前行。

　　我在十七歲時讀到愛默生的文章，便開始將他的想法付諸實踐。一九五九年我十九歲，在遊騎兵號航空母艦上服役。艾森豪總統飛往舊金山參加政治會議時，預計會飛過我們的艦艇，所有水手都被要求穿上全套制服並在飛行甲板上拼出「嗨！艾克！」的字樣。當我得知我也得參加時，對這種侮辱感到憤怒，但我似乎是少數人。顯然，大多數船員並不介意「集體」排字來向他致

意。我沒有抗議，而是想起了愛默生的話：「不墨守成規的，才算是真正的人」，但我只能默默去做。我躲進艦艇深處，讓那些循規蹈矩的人去完成任務，直到這種對我尊嚴有所侮辱的任務結束。我沒有大聲反抗，沒有無用的戰鬥，但安靜而有效。

規則不是一定要用某種方式生活的理由。如果要體驗「依靠自我」的生活，必須先與自己的心靈對話。這個練習適用於生活各方面，從決定自己如何度過空閒時間、要穿什麼衣服、要吃什麼，到怎麼教養孩子。不要讓內心的聲音為了迎合社會的陰謀而變得微弱，最終聽不見。做自己，依你覺得正確、能契合你的精神本質的方式來過日子。也就是說，依循自己心中的那把尺生活。

這裡有一些方法可以協助你實踐愛默生對於「依靠自我」的想法：

- 把整篇〈依靠自我〉讀一遍，並把愛默生在這篇經典文章中所說的重點記下來。

- 想用某條規則或法律來辯護自己為什麼要以某種方式行事時，請停下來，問問自己的良心。做你認為正確、讓你問心無愧的事。若明白寬恕是神聖的，便不要用法律規章來為自己不願意寬恕的原因辯護。

- 練習問自己，自己的穿著或行為，是因為你真心喜歡，還是因為你想融入群體。「我這樣穿或那樣做是因為我喜歡，

還是因為我覺得討好融入很重要？」然後做出「依靠自我」的選擇，看是否感覺好多了。

- 以自我認同來宣告自己獨立於社會群體之外。兩千五百年前的蘇格拉底說過：「我不是雅典人，而是這世界的公民。」你也是神的創造物，不受限於任何社會規章。

- 不要只因為別人做什麼就跟著做。如果你覺得那是道德、正確的事，那便無論如何都去做，不管身邊的人怎麼說或怎麼做。

總而言之，做自己。尊重自己，為自己的心靈和所作所為創造出和諧的關係。

〈熱忱〉

〈人生頌〉

別在哀樂中告訴我：
「人生不過一場幻夢！」
靈魂若沉睡，便是死了，
事物總是與表象不同。

生命是真實的！生命是熱切的！
生命的歸宿不是荒墳；
「你本是塵土，必歸於塵土」，
那說的不是靈魂。

我們命定的目標和道路，
不是享樂，也不是悲傷；
而是行動，在每個明天
比今天走得更遠。

藝術永恆，時光飛逝，
這顆心，縱然勇敢堅強，
也只如悶鼓跳動，
向墳地奏樂送葬。

世界是遼闊的戰場，

人生是紮寨安營，

莫學那麻木受人驅策之牛！

做個威武善戰的英雄吧！

別指望將來，不管如何令人期待！

讓已逝的過去永遠掩埋！

行動吧──此刻的現在！

保有己心，頂上有主宰！

偉人的生命提醒我們我們能夠活得高尚，

離去之時，身後留下的

是在時間的沙上的足跡。

足跡，也許教另一個

航行在莊嚴的人生大海，

遇險沉船、絕望時刻之人，

看見了，他會再次振作起來。

因此，我們奮鬥向上吧，

對任何命運敞開心門；

不斷進取，不斷努力，

學會勞動，學會等待。

——亨利・華茲華斯・朗費羅（Henry Wadsworth Longfellow，西元一八〇七年至一八八二年）

朗費羅為美國詩人、譯者、大學教授，其詩作不僅廣受大眾歡迎，也有嚴肅的主題。

　　朗費羅是本書提到的詩人中，少數能在有生之年享有盛譽的詩人。〈人生頌〉首次發表於一八三九年出版的《夜之聲》（*Voices of the Night*）詩集，在美洲和歐洲廣受歡迎，後來的〈金星號船難〉和經典作品〈海華沙之歌〉也同樣受歡迎，且更加著名。這首詩由號稱十九世紀最受歡迎的美國詩人所寫，重點在於一個詞：「熱忱」。「熱忱」的希臘文原文意思是「內在的神」。朗費羅的〈人生頌〉鼓勵你我認真看待我們所擁有的短暫時光，也就是人生，並對自己和經歷的一切抱持熱忱和感激的態度。

　　一八六一年，朗費羅的第二任妻子因衣服意外著火而喪生，使朗費羅陷入了憂鬱。接連兩位妻子早逝後，朗費羅渴求精神上的解脫，因此最後二十年的詩歌多半反映了他追求與神性連結的渴望。〈人生頌〉便引人誌念這位偉大且受歡迎的詩人的精神。

　　在這首詩中，朗費羅告訴我們，靈魂是我們真正的本質，且「事物總是與表象不同」。我們的身體和物質環境只是個迷思，那種迷思導致我們過著沉悶和不滿足的生活。他提醒我們「生命的歸宿不是荒墳」。談到衰老時，我們說的只是身體，因為靈魂是「內在之神」的源頭，並不是由塵土組成。他要我們忘記悲傷和

快樂，而是將注意力轉移到自己的成長上，並誓言明天會走得比今天更遠。我們的身體正在「向墳地奏樂送葬」，但內在的神永遠不會有葬禮。

我喜歡他使用的辭彙，鼓勵我們擺脫生活的低迷。我們在生活中經常像麻木不仁、被驅趕的牛，做著從眾心理要我們做的事。他反而是鼓勵我們，「做個威武善戰的英雄吧！」我將其解釋為，他激勵我們保持熱忱，感受脈搏興奮地跳動。展現對生活的熱情，並將熱忱延續到你做的每一件事上，直到感染你周圍的人為止。這便是英雄氣概。你並不是非要衝進燃燒的房子裡救小孩才算英雄，只要與內在的神保持連結即可。

「熱忱」並不是某些人有，而某些人沒有的東西。我們每個人的內在都有一位神，有些人選擇與其感應並展現出來，另一些人則掩蓋它、使它進入休眠。我們讓內在的神變成塵土，儘管詩人提醒我們：「『你本是塵土，必歸於塵土』，那說的不是靈魂。」熱忱能帶來成就。人們問我讓演講精彩的祕訣時，我告訴他們祕訣是發自內心的熱忱。如此一來，大家都會很愛你，也會原諒你的任何瑕疵。

偉大的希臘悲劇之父艾斯奇勒斯（Aeschylus）說過：「當一個人願意且渴望某事，神便會參與其中……」熱忱能夠散播喜樂，因為沒有什麼好沮喪的。有了熱忱就會生出信心，所有的恐懼都會消退。因為沒有疑慮、沒有不確定，所以能坦然接受一切。

熱忱是你現在便可以選擇擁有的特質。

與朗費羅同時代的愛默生也了解熱忱的價值，他寫道：「世界史上的每一場風起雲湧的運動，都是熱忱的勝利……」。謹記這〈人生頌〉給你的忠告，讓自己的生命成為一場風起雲湧的改革運動。「因此，我們奮鬥向上吧，對任何命運敞開心門。」

請多看看那些「對任何命運敞開心門」、無論環境如何都努力實現和追求的人。他們喜歡笑，即便是最微小的事物也能讓他們開心。他們似乎不知道何謂無聊。給他們一個小禮物，他們會感激地擁抱你並立刻拿來用。給他們一張音樂會的免費門票，他們會為這個意料之外的機會欣喜若狂。和他們一起去購物，他們會睜大眼睛讚美各種看到的東西，從不抱怨。你不就是喜歡和他們在一起嗎？這便是熱忱。是因為我們內在的神希望我們了解朗費羅所說的：「生命是真實的！生命是熱切的！」

誠然，如他所說，「靈魂若沉睡，便是死了。」讓靈魂活躍起來，透過身體體驗生命吧。你可以從每天讀這首廣為人知的詩開始，讓朗費羅的智慧激發熱忱。接著嘗試以下的實際建議：

- 開始做一件事的時候，比如沿著海灘散步，或參加一場足球比賽，假裝這是你**第一次**和**最後一次**做這件事，你會因此對所做的事有全新的視角和熱忱。我有八個孩子，數不清我參加過多少才藝表演、音樂會、面試、獨奏會；足球、

籃球和棒球選拔賽、比賽和延長賽了。我每次參加時都會這麼練習，假裝這是自己第一次參與，於是感受會變得更深刻。或者我會假裝這是最後一次，便能再次讓自己熱情高漲。

- 改變對自己至今的看法，從「我就是一個低調被動的人」轉變為「我要用熱情過自己的人生」。讓靈魂透過身體沉睡或享受，永遠是你自己的選擇。

- 減少自己不那麼想投入人生的念頭。站在旁邊看著別人投入很好，但當你熱情投入生活，便能體會朗費羅為什麼要提醒你奮鬥向上了！

- 朗費羅的另一首好詩〈李維的夜奔〉開頭這句話很有名：「聽，孩子們，你們會聽到……」也把這首詩讀完，感受那史詩般的興奮時刻，以及朗費羅說故事時的全心投入。即便在哀悼亡妻時，這個男人仍可以「奮鬥向上，對任何命運敞開心門。」

〈不朽〉

摘自詩集《單身獵犬》

這寂靜塵土曾是紳士淑女，

也是少年和少女；

是笑聲和本事和唏噓，

還有蓬蓬裙和捲髮。

這愔愔之地曾是夏日靈動的莊園，

花開與蜜蜂在此

完成他們的東方巡迴之役，

然後消逝，一如此地。

——艾蜜莉‧狄金生（Emily Dickinson，西元一八三〇年至一八八六年）

狄金生為美國詩人，在麻州的阿默斯特度過一生。她在嚴守喀爾文教義的父親掌控下，過著隱居生活，期間寫了近兩千首詩。如同華特‧惠特曼（Walt Whitman）、羅伯特‧佛洛斯特（Robert Frost）和愛默生，她書寫自然和人類的內在精神。

我一直對這首詩很著迷，並常在演講時引用。我覺得好像在

傳遞我最喜愛的一位十九世紀詩人所寫下的訊息。透過這首詩來環顧身體和四周世界，你不得不承認，你用感官體驗到的一切，總有一天會化為「寂靜塵土」。然而，注意到這一切的那部分「自己」，卻絕不是「寂靜塵土」。

死去的時候，離開身體的那一刻，身體的重量會和活著的時候一模一樣。想像一下！你的身體無論生死都是同樣的重量。我的結論是，若生命離開身體時，身體的重量與生命占據它的時候相同，那麼生命是沒有重量的。你無法秤重、衡量、劃分、識別或以其他方式為生命畫下界限。狄金生的詩描述了我們這部分的自己，它拒絕成為物質世界這塵土容器的一部分。

科學解釋認為這個物質世界是一個礦物總量有限的行星。科學家的意思是，地球的礦物總量是固定的，且沒有外部礦物來源。例如，如果你知道目前我們有多少鐵，可說就知道了地球上鐵的總量。因為總量有限，我們用完時，也無法去另一個宇宙補充我們的鐵。

你的體內擁有一部分這有限的鐵。做血液檢查時，可以知道自己的鐵質含量是高或低。一個重要卻難以回答的問題來了：現在流淌在身體裡的鐵，在你出現在地球上以前在哪裡？你離開時，它又會去哪裡？這是狄金生在詩中提出的謎團。

掬起一把靜默的塵土，問自己它在昨天和去年是什麼樣子。是大象的鼻子嗎？侏羅紀生物？米開朗基羅的眼珠？每個物質粒

子都處於不斷變化的狀態。有些科學家更不吝提醒我們，我們都是明日的食物。我們物質宇宙中的所有事物，最終都會變成這片寂靜的塵土。

這麼說來，狄金生在這首詩中所說的，和亞里斯多德所寫的一樣：「讓我們活得不朽。」他們都在告訴我們，每件事和每個人都有要完成的任務，而完成時，會從現在的樣貌轉化為另一種樣貌。我們的身體材料會被回收，但真正的本質依然存在。狄金生在她的另一首短詩中寫道：

因我無法為死亡停下腳步，
他好心為我佇足等候。
馬車裡只有我倆共度，
與永恆相守。

這種覺知是解脫的重要源泉，是通往永恆的門票，讓你不再害怕死亡。從許多角度來看，身體的「死亡」是位偉大的老師，而不是令人恐懼的事。

我想起一位影響我人生的老師要我靜坐冥想。在這靜坐過程中，他要我想像抽離自己的身體，從上方觀察自己，接著到更遠的地方，最後離開我所在的城市、國家、半球，乃至離開地球。當我從想像中的外太空位置觀察地球時，他要我想像一個沒有我

存在的地球。這是讓我克制小我的一個絕佳練習。一開始感覺很奇怪，沒辦法專心，因為我的小我不停說：「重點是什麼？想像沒有自己的地球有什麼好處？」接著我開始認同於觀看著這一切的自己，而不是被看著的自己。

我們看著的是那片寂靜塵土，那塵土是組成我們祖先的化學物質。但「觀察者」不需要化學物質，不需要塵土。當你無時無刻地成為「察覺者」，對死亡的恐懼便會完全消失。你的本質從未誕生，也永遠不會消亡。你無須進入永恆，因為你已經在永恆之中。換句話說，此刻即是永恆。

你的心靈沒有受過訓練，無法相信自己是永恆不朽的，因此它並不知道你是不朽的，只能辨認眼前所見的事物。你的腦中有一個控制中心，你的所有決策、情緒和感官體驗都由此所生。但在那控制中心裡，有一個看不見的無形指揮官，它不會死。唯有喚醒那個神聖的本質，你才能察覺自己原是不朽的。那位在控制中心的指揮官下達命令，但你從未親眼見過他。要認識自己內在的這位指揮官，你必須閉上雙眼，直接體驗自己永恆神聖的本質。

你無法以教育、訓練、或科學的方式來體驗不朽的自己，這個概念來自自我存有的深處，而你心裡「**明白**」這是真的。你的無形內在是真實存在的，但無法量測與劃界。我們明白是因為我們能超越肉體塵土去看見，並在安靜神聖的冥思中體驗不朽的自己。

狄金生美好簡單的詩句要我們停下來，了解自己所居住的身

體、開的車、穿的衣服，以及所有由化學物質和塵土組成的事物，都注定要完成他們既定的任務，然後逝去。「死亡」是我們對那逝去過程的稱呼，但超越化學物質的那些事物，永遠在馬車裡伴你而行。是的，你和永恆是唯一的乘客。

練習以下建議，便能更直接地體會狄金生的詩句：

- 將死亡當作老師，當作永遠在你身邊的同伴。從接受和關愛的角度，而不是恐懼，來想像自己與將死的肉身對話。記得，死亡的體驗只有一次，但若你怕它，則人生的每一分鐘都在死去。用死亡來提醒自己，將每一天活得更精采。
- 練習冥想，如本章先前描述過的，練習觀看沒有自己的地球。這會幫助你拋下既有觀念與身分，轉向始終相伴的不朽覺察者。
- 無時無刻提醒自己，在你出現此地之前逝去的時間不會令你充滿恐懼和焦慮，你離開這副身軀後的時間也不會令你不安。
- 記得羅伯特・路易斯・史蒂文森（Robert Louis Stevenson）的遺言：「若這是死亡，那比活著容易多了……」以及愛迪生的遺言：「那裡非常美好。」確實，死亡僅是塵歸塵、土歸土，而永恆始終都在。有了這層認知，你便有了通往永恆的門票。

〈完美〉

一年之計在於春，

一日之計在於晨；

晨間之美在七點；

露珠妝點山坡邊；

雲雀乘雙翼；

蝸牛乘荊棘；

上帝在天堂——

萬物各得其所。

——羅勃特·白朗寧（Robert Browning，西元一八一二年至一八八九年）

一九三〇的劇作《文波街的巴雷特家》（*The Barretts of Wimpole Street*）描述過英國詩人白朗寧與伊莉莎白·芭雷特的愛情與婚姻故事。白朗寧在寫了四十年的感懷詩後，出版了《環與書》（*The Ring and the Book*），獲得極大讚譽。

白朗寧與他同樣著名的妻子芭雷特都是維多利亞時期詩人，因詩歌及劇作中表達出的精神和形而上的樂觀主義而受到抨擊。白朗寧離世後的一個多世紀，仍可從他經典的八行詩看見他畢生

為人詬病的形而上樂觀主義。白朗寧提及宇宙的莊嚴和完美，彷彿在告訴我們：「看看周遭，萬物各得其所。」

若喜歡白朗寧的詩，便會同意春天和早晨是值得好好把握的奇蹟。這兩者皆代表著新生命之初，而生命之初始終是神祕的。受孕後幾週，一顆心臟就會開始在母親的子宮裡跳動，我們所有最偉大的科學家和悲觀主義者都對此困惑不解。生命從何而來？生命結束之後會去那裡？什麼使它開始？什麼使它結束？為什麼？這些使評論家們困惑的問題，卻是偉大詩歌的源泉。

要感覺「敬畏」而不是「可怕」地生活，根本之道在於看見白朗寧詩中簡樸的精神真理。詩人埋在山坡下，但露水仍覆蓋山坡，而雲雀會從墳上飛過。上帝在天堂裡，而萬物各得其所。若白朗寧詩中的觀察與你所見不同，那必然不是上帝的錯。

我們經常覺得自己身在世間，要努力左右世間萬物，讓它符合我們的需求，但卻不認為自己與世間萬物有所連結。比起接納，我們更想扭轉世界來滿足小我、帶來浩劫、不平衡，於是我們稱這一切「不完美」。最後更出口嘲諷，我們責怪上帝讓我們身處這境地，然而這卻是我們從上帝所贈予的完美中製造出來的。詩人說，要保持平靜，不要評斷這世界，而是去觀察世界。不要試著將其拉直，而是接受那完美的曲折，並與之和諧共處。不要製造問題，對一切完美保持敬畏。

白朗寧在另一首詩提到：「礦物的奇妙豐富，化為一顆寶石：

大海的潮汐光輝，淬鍊成一顆珍珠……真理，比寶石更明亮；信任，比珍珠更純粹。」他要我們用新的眼光看世界，對每一寸空間裡的奇蹟充滿驚喜，沐浴在真理和信任的福澤中，而真理和信任超越了物質世界的寶石和珍珠。不隨意評論，專注於美好風景的這種眼界，能改變充斥沮喪、焦慮或壓力的生活。

要說這世界很完美，會讓許多社會評論家憤怒，因為他們更喜歡注意一堆不完美的地方。他們執著於世界不對不好的地方，並鼓吹我們也這麼做，然後變成眾多對世界的不完美感到絕望的其中一人。對於那些如白朗寧一樣說「萬物各得其所！」的人，會有一大群懷疑論者告訴你，你的想法有多荒謬，如同維多利亞時代的批評者會用奴隸制、經濟災難和戰爭來駁斥白朗寧一樣。然而，白朗寧選擇超越人為的世界，而我也鼓勵你這麼做。

請仰望宇宙的完美，而你正是其中一部分。看看地球如何在太空中持續公轉自轉，不受你和其他人對它的看法影響。看看每一天是如何「晨間之美在七點」，回想所有嘗試過、失敗過、再試一次的任何「主義」，再回來看看「晨間之美在七點；露珠妝點山坡邊」是如何照常出現。從注意我們所在世界的「錯誤」到注意到它的「完美」，這僅只是個簡單的轉變。

舉例來說，想想幾個世紀以來閃電引發的森林火災，這些火災對於維持生態平衡是必要的。雖然我們不禁想說，上帝不該燒毀森林，不該讓風猛烈到變成颶風，不該轟隆隆地引發地震，我

們認為這些事情不該發生,但它們也是這完美的一部分。當我們更宏觀地看待這些事物,便能開始發覺混沌中的完美。

　　通往平靜生活的方法是,去留意上帝的世界和自己內在的完美,並養成這種視野。白朗寧的妻子芭雷特在〈我的凱特〉中寫的兩句話完美詮釋了這一切:「柔弱之人,下流與粗鄙之人,她一見便讓他們都遇見好事。」當你睜大眼睛驚喜地向外看,讚嘆所見一切都是上帝的禮物,包括你與自然和諧相處的生活,便會明白詩人筆下之意:「上帝在天堂──萬物各得其所。」

　　要將這形而上的樂觀主義融入生活,請開始:

- 給自己五分鐘的冥想當作禮物,敬畏周圍所見的一切。走出去,將注意力轉向周遭的許多奇蹟。每天五分鐘的欣賞和感恩,能使你對人生保有敬畏。
- 將「完美」這個詞加入自己的字典。和平之君[1](Prince of Peace)說道:「成為完美的自己,如同你的天父般完美。」你不需要總是用評判的角度看待自己和這世界,並想改善什麼。享受這「完美」便是運用智者智慧的方式。
- 提醒自己,你便是如朝露、雲雀和蝸牛般的奇蹟。事實上,你便是神的造物。相信並珍視自己的神性,以及自己與自然的連結。隨處可見的神之造物,便是你獲得的回報。

1　編註:此處「和平之君」指耶穌。

〈靈魂中心〉

摘自《白鯨記》

因為就像這片環繞青翠土地、令人嘆為觀止的海洋，人類靈魂中也有一座與世隔絕的大溪地海島，充滿和平與歡樂，但卻被半死不活的人生中的恐懼給包圍。

——赫爾曼・梅爾維爾（Herman Melville，西元一八一九年至一八九一年）

梅爾維爾為美國小說家、短篇故事作家及詩人，最著名的作品為《白鯨記》，他的紙上英雄故事。

我讀到這句話時，腦中歷歷在目的是義大利阿西西的可愛小教堂。十三世紀時，聖方濟各在那裡生活，並展現了為後世流傳的奇蹟事蹟。與上阿西西和下阿西西的大部分地區一樣，這座小教堂的大部分都被保存了下來，因此遊客可以像聖方濟各一樣體驗這個神聖的地方，你會不禁感覺像回到了中世紀。已有數百萬世界各地的朝聖者在這座古老但保存完好的小教堂裡祈禱。

當初這座小教堂坐落在一座更大、更華麗的建築裡，該建築是在聖方濟各去世數百年後建造的。建築中有雄偉的柱子、巨大的教堂天花板，以及諸多向聖方濟各致敬的獻禮，而聖方濟各是

一位簡樸、溫和，極其熱情的人。走進外廳，我覺得自己彷彿置身於一個紀念這位崇高精神領袖的博物館。

當我和妻子走進小教堂的中心時，我們都感受到了這個地方的喜樂與平靜。每當我讀到「……人類靈魂中也有一座與世隔絕的大溪地海島」時，那個情景便會回到腦海中。我們被幸福圍繞，流下喜悅的淚水，感受到了聖方濟各代表的那種無條件的愛的能量。靜坐了三十分鐘左右後，我們感受到與某些神聖事物的交流。從那時起，我們就經常說那是我們生活中的共同轉折點。我們的婚姻轉變為精神上的夥伴關係，而我們的角色則是在彼此的靈性成長中互相幫助。

梅爾維爾的文字將我帶回在阿西西時的絕妙體驗。中心的小教堂如同靈魂，是真理與祝福之地，而周圍建築則如同我們的肉體。只要一步便能踏入那位於中心的美麗與真理之地。如梅爾維爾所說，人生過得半死不活，便是因為沒有抵達那平靜喜悅的內在之地，那「與世隔絕的大溪地海島」。

半死不活的人生困在外在世界的桎梏裡。梅爾維爾提到的恐懼，便是因為靈魂被包圍著，似乎找不到幸福所在的中心。你感覺人生可以更深刻，有更豐富的體驗，然而你卻繼續在外在的海洋中拼命掙扎，遠遠看著那蒼翠的大溪地和寧靜的小教堂。

也許最令人崩潰的場景，便是想到自己臨死時，才知道因為某些想像出來的恐懼，你已經選擇了半死不活的人生，沒有去做

內心要你去做的事。我敦促你現在就改變這個場景。勇敢踏出海岸線，體驗你的大溪地海島，開始你的人生吧。

我鼓勵你閱讀梅爾維爾鼓舞人心的文字，並多讀幾次，那些寫於十九世紀的文字到今日依舊適用。他將那位於中心的空間稱為靈魂，靈魂沒有邊界、沒有形貌、無可量測，但卻是你存在的核心。當你能體驗到那個空間，便會明白，平靜與喜悅來自於豐富和滿懷感恩的人生。是那個梅爾維爾稱為靈魂的內在空間很安靜，且與你不可分割。

藉由冥想和傾聽自己內心的聲音，你便能抵達那個空間。你的心說的是一種沉靜且有目標的語言，而你的頭腦經常會給出各種邏輯理由，讓你無法去追尋福祉。有成就的音樂家說：「音符之間的靜默造就了音樂。」少了那無形無狀的靜默，就不會有音樂。

穿過那震撼人心的大海和那些建築，穿過骨骼肌腱構成的身體外殼，便能抵達那內在無形的靜默之地，觸及你內在蔥鬱的大溪地、進入那間屬於你的寧靜小教堂。接著只需傾聽、讓自己發光發熱，明白那半死不活的人生不是你要的。寫下屬於自己的真理，說出內心深處的感受，放下別人告訴自己哪些該做、哪些不該做的要求，你便會對工作、家庭和整個人生感到滿足。

你的心對你有什麼祈求？你體內的海洋要求你去造訪的是怎樣的蔥鬱海島？有可能是對旅行上癮，要你去探索加拉巴哥群島

或喜馬拉雅山；有可能是發自內心的感受，驅使你去成立一間藝廊或與愛斯基摩人共事；也有可能是一種躍躍欲試的衝動，要你寫下自己的詩歌或交響曲。

你在那中心的祕密是什麼？佛洛斯特寫道：「我們圍成圈跳舞並猜測，但祕密就坐在中央，無所不知。」他一定明白梅爾維爾在《白鯨記》中所說的是什麼。無論你如何以腦中製造的任何理由逃避那種內心感受，你都應允許自己用新的眼光和耳朵去探索。練習進入這個虛靜中心時，請小心使用自己的理智。如果你繼續告訴自己，探索內心教堂是一回事，但住在裡面又是另一回事的話，那麼小心了，你很可能會讓自己繼續在外廳裡掙扎。如此你便只會隨著理智行動。如果你認為：「這不可能，太不切實際了、超出我的能力範圍」，那麼你只會依這種想法行動，繼續回到那片駭人的海洋。

梅爾維爾的文字寫於十九世紀，但他是寫給你我。他在我們出現之前離開了這個星球，但他的話很真實。流淌過這位偉大小說家的生命力，今天也在我們身上流淌。他認為過著半死不活的人生很可怕，是因為忽視了內在靜默的生命火花，而那火花能為我們帶來平靜和快樂。

以下是將這個智慧融入今日生活的建議：

• 每日練習冥想，進入那虛靜空間。這個內在之地能給你平

靜，但若你陷入那駭人海洋的折騰中，便永遠也不會明白
什麼是平靜。

- 傾聽內心的聲音，而不是腦中的聲音。感受是敏感的氣壓
計，可以偵測自己喜歡做什麼。想像自己造訪心中那片蔥
鬱的大溪地，感受自己的靈魂，接著在心中仔細描繪你做
喜歡的事，並喜歡自己做的事。是什麼樣子。

- 冒險去傾聽自己的靈魂之聲吧！但要小心避免投射出恐
懼、失敗和災難的念頭。每天都用梅爾維爾的話提醒自
己，當死亡天使前來召喚時（那召喚是無可避免的），你
不會說：「我好害怕，再等等啊，我才活了一半！」而是
會明白傾聽靈魂的喜悅，並且說：「我很平靜，沒有恐懼，
因為我曾到過大溪地。」

〈後悔〉

摘自〈毛迪穆勒姑娘〉

可嘆啊少女，可嘆啊法官，

為了豪宅和瑣碎家事煩亂！

上帝憐憫他們倆！憐憫我們，

所有再也回想不起青春夢想的人：

在所有傷感的語言或文字中

最可悲的是：「本來有可能！」

啊，好吧！我們所有人的美好希望已

深埋在人眼不見之地；

而在那以後，天使也許會

將墳上的石頭滾離！

——約翰・格林里夫・惠第爾（John Greenleaf Whittier，西元一八〇
七年至一八九二年）

身為致力於社會事業和改革的貴格會教徒，惠第爾是一
位廣受歡迎的新英格蘭詩人。他內戰後的詩歌強調宗
教、自然和新英格蘭的生活。

上述詩句是〈毛迪穆勒姑娘〉十五節詩的最後一節，由十九

世紀多產而敏感的美國詩人惠第爾所寫。我期望你讀完整首詩，並多讀幾次，詩中的故事對每個有勇氣接受詩人建議的人都有深刻意義。

這首詩的開頭是美麗少女毛迪穆勒在草地上耙乾草，抬頭看見一位英俊的法官騎馬過來。她一邊對法官說話，一邊拿錫杯給他喝水時，心也在劇烈跳動。他聊起「草、花和樹木，歌唱的鳥兒和嗡嗡的蜜蜂」時，她腦海快速閃過與一位和善敏感的男人在一起是什麼樣子。她忘了自己穿著破爛的衣服和蓬頭垢面的樣子，任由自己幻想起來：「一個願望，她不敢奢望擁有的，比她所知更好的生活。」

當法官遠去，她內心的想法是：「啊，我呀！我可能是那法官的新娘哪！」但事與願違，她嫁給了一個帶給她悲傷痛楚的男人。惠第爾寫道：「她看著身旁的男人，陪笑是責任，關愛是律法。」於是她再次揹起人生的負擔，只能說：「本來有可能！」

詩人描述那天年輕俊俏的法官離開時，其實心裡也有著深深的渴望，但卻不願付諸實行。他擔心使自己的地位受損，也不願參與她的生活，於是無法將自己對那位年輕少女的感受表達出來。「若她屬於我，我今日便會如她，是拾稻草的農人；無須再質疑正義對錯，無須費盡唇舌讓律師生厭。」他拋下自己的內心渴望，追求他人決定為自己安排的人生。「但他想起姊姊，驕傲而冷漠；和母親，虛榮的地位和黃金。於是他關起心門，法官驅

馬遠走，將毛迪穆勒獨留在荒野中。」

惠第爾接著訴說法官與門當戶對的人結了婚，但靈魂卻留在那荒野中：「經常在杯中酒紅時，他渴望著那路旁的井水。」

那驕傲的男人嘆息，
藏著祕密的痛，
「啊，但願我再次自由！
如騎馬經過那日，
走入那赤腳少女
耙乾草之地。」

隨著少女毛迪穆勒與法官的故事到了詩的尾聲，最後一段堆疊成情緒滿溢的結語。惠第爾最為人津津樂道的兩句詩，也是我多年前在學校輔導時，大大寫在黑板上給學生看的句子。那些句子仍是今日我的孩子們害怕犯錯，或因不願冒險而保持沉默時，我用來提醒他們要記在心上的話。這些話是一個多世紀前的一位卓越詩人所寫，可奉為人生圭臬。「在所有傷感的語言或文字中最可悲的是：『本來有可能！』」確實，「**本來有可能**」是那些未完成所願之人的悲嘆，他們因為懼怕結果而沒有去說或去做，這份懊悔讓他們滯留在過去。

在我自己的人生中，我犯了很多錯誤，但老實說，我對自己

做過的事都沒有遺憾。完全沒有。是的，我說過一些現在不會說的話。是的，我曾經傷害過一些人，而我從那些行為汲取了教訓。是的，我做過一些糟糕的投資，寫了一些可怕的文字，使用過一些有毒藥物，輸掉了某些比賽，甚至在過去太常喪失自信。但如我所說，我對自己做的任何事都沒有任何遺憾。我努力不要再犯那些錯誤，我也知道過去無法重來。然而，我並非沒有悔恨。我懊悔的是，有些事**我沒有去做**。

在畢業二十年後的高中同學會上，我遇到自己十七歲時非常心儀的人。二十年後，我終於鼓起了勇氣告訴她我的感受！她跟我說：「那時我也一直很喜歡你，如果你打電話邀約，我會很願意再進一步。」我瞬間後悔不已。十七歲時，一想到會被拒絕或感覺很蠢，我便害怕得發抖。我覺得她太「酷」、太美了，不可能跟我出去，於是我便讓機會溜走了。

如果你心裡有感覺，並從內心的共鳴知道，那應該是要去嘗試的事，但你卻因恐懼而退縮，那你就會讓自己後悔。沒錯，後悔是非常浪費精力的事。你無法從中學習，無法從中成長；你所能做的就是沉陷在挫敗中。

任何你非常想做卻沒有採取行動的事都會讓你後悔。因為害怕被嘲笑而沒有說的話，因為害怕失敗而沒有採取的行動，因為害怕孤單而沒有去的旅行，都是一步步通向晚年絕望閣樓的階梯。惠第爾說的再簡潔不過：「上帝憐憫他們倆！憐憫我們，所

有再也回想不起青春夢想的人。」

你一定會遇到不贊同的意見，某些結果也不會總是如你所願。你會經歷嘲笑，但你若把話說出來或採取行動，便不會後悔。無論如何，你會明白自己心靈上的命運。如耶穌所說：「手扶著犁向後看的，不配進神的國。」

惠第爾這首少女毛迪穆勒與法官的故事傳遞著「不後悔」的建議，要付諸實踐，請這麼做：

- 想像自己老了，回頭看看現在的自己。你希望自己有什麼感覺？充滿遺憾，還是因為隨心而感到滿足？
- 與其問自己其他人會怎麼想，別人會如何看待你的行為，不如問自己：「我希望如何過自己的人生？」然後繼續朝新的方向去行動，冒小小的險。
- 事前思考自己會有什麼感受。首先，想像一下不去做可能會有的遺憾。接著想像一下，如果你冒這個險，最好的結果會是什麼。提前想像這兩種情況，便可以避免對「本來有可能」的事感到遺憾。

〈恐懼與冒險〉

〈我不羨慕〉

無論如何我都不
羨慕毫無憤怒的囚徒，
生於籠中的金絲雀，
它對盛夏森林一無所知；

我不羨慕時間曠野中
肆意放縱的野獸，
它不受罪惡感束縛，
良知也從未醒悟；

我也不羨慕自詡幸福之士，
那心從未守諾立誓，
僅在懶散雜草中停滯，
無須因勞累而生的安歇。

我不羨慕，無論何時；
即便最悲慟的時刻，我心如刀割；
寧可因愛而失落，
也不願從未愛過。

——阿佛烈‧丁尼生（Alfred, Lord Tennyson，西元一八〇九年至一八九二年）

英國詩人丁尼生在一八五〇年獲封桂冠詩人，公認是英國維多利亞時期的代表詩人。

　　丁尼生是英國維多利亞時期詩歌的主要代表詩人，然而我讀過的所有詩人也都跟維多利亞詩風脫離不了關係。他無可救藥地菸酒成癮，也是個終生都安定不下來的浪子。詩人湯瑪斯‧卡萊爾（Thomas Carlyle）在給愛默生的信中描述他是「一個性感，悲傷中帶著憂鬱的男子……世界上最好看的男人之一……他的聲音宏亮慵懶，適合大笑和尖聲哭號。」從我讀到的所有丁尼生的文章中，都能看出他是一個熱情、喜歡冒險的人，且願意在投入或追求的事沒有按計畫實現時承擔起後果。

　　在這首詩中，詩人向我們傳達了害怕失敗的人經常忽視的訊息。他告訴我們要不計成敗地過日子，在前進過程中擺脫自己的恐懼。他不羨慕那隻安全關在籠子裡唱歌的鳥；他珍視自由，儘管自由有其風險。他不羨慕那些因害怕婚姻關係的風險而選擇不承諾的人。這首詩的最後四行是所有文學中最令人難忘和經常引用的，但或許也是最常被忽略的。

無論如何，我堅信這一條；

我最悲痛的時候，體驗過；

情願愛過而失落，

也比從未愛過要好。

我很認同這個想法並要提醒你，丁尼生寫的不僅是愛情，還可以很簡單地改寫為：

情願去做而失敗，

也比從未做過要好。

我建議你想得激進一點：**沒有失敗這回事！**失敗是我們人類對某個行動的判斷。與其評判好壞，不如採取這樣的態度：**你不可能失敗的，只會得到結果！**於是最重要的是問自己：「如何面對這個結果？」

舉例來說，假設你想學打棒球或烤蛋糕，就得走到烤盤前或擊出幾球，失敗過幾次才行。以烤蛋糕來說，你從烤箱裡拿出蛋糕，結果蛋糕在眼前垮掉。事實上，你並沒有失敗，你只是去做了，並產生了某個結果。那麼你要如何面對產生的結果呢？你是要給自己貼上失敗者的標籤，說自己對廚房的事情就是做不來、沒天分，對自己的基因缺陷悶悶不樂嗎？還是要走回烤盤前，回

頭再進廚房，看看到底哪裡出了差錯？無論追求什麼事，丁尼生都希望你用這樣的心態了解並度過人生。

如果經歷過分手或離婚官司，也不代表你在關係中失敗，只代表你得到了結果。與其站在一旁擔心出問題，不如跳進去體驗人生。

想一想你的本性。還是嬰兒的時候，在還沒有機會因害怕失敗而受制約，導致自己遠離風險之前，本性已經讓你學會如何走路。有段時間你只能躺著，然後你的本性說：「坐」，於是你會坐了。然後你的本性下令：「爬」，你遵循指令。最後，你的本性說：「雙腳站起來，平衡自己，然後站著移動。」你聽從了。

第一次努力站起來的時候，你摔倒了，又回到爬行。但是你的本性讓你不只滿足於爬行，於是你忽略了恐懼和結果，再次站起來。這一次你還是搖搖晃晃，然後再次跌倒。最後，你的本性贏了，你會走路了。想像一下，如果你真的成功壓制了自然本性，那你如今便仍是以四肢爬行，不知道走路的好處！

生活中的每件事都是如此，採取行動並得到讓你成長的結果，比忽視本性並生活在恐懼中好多了。

「恐懼」這個詞的英文「Fear」也可以成為縮寫，展譯成「看似真實的虛假證據」（*False Evidence Appearing Real*）。換句話說，我們振振有詞地提出想像中「不作為」的理由，然後在連試都沒試之前，就讓這個理由成真。可能失敗的錯覺讓我們更加恐

懼，而失敗代表我們一無是處。「Fear」還可以代表另一個縮寫詞：「忘記一切並逃跑」（*Forget Everything And Run*）。這是面對可能失敗時的逃避心態，並不是丁尼生想提倡的！

丁尼生在過世前八年被晉升為貴族，晚年受封為英格蘭的民族詩人。然而年輕時的丁尼生可是一個積極追求自身所好的人，敢於犯錯，非常渴望去愛。即便知道可能會失去，還是寧可去愛，也不願從未愛過。他被拒絕過，也悲傷過，但如他懇切地說：「無論在什麼心情下，我都不羨慕。」

請打從心裡知道，你從來沒有在任何事上失敗過，也永遠不會失敗。「失敗」的人為判斷只會讓你避免過失或犯錯。然而，這些錯誤和過失卻是成長的關鍵。我一直很喜歡愛迪生回答記者的話，記者問他在發明電池的過程中失敗了兩萬五千次是什麼感覺。「失敗？」愛迪生回答說：「我沒有失敗。現在我知道了兩萬五千種做不成電池的方法！」

照著以下建議去做，將丁尼生經典詩作的智慧運用到生活中：

- 不要再使用「失敗」這個詞來形容自己或任何人。提醒自己，事情沒有按計畫進行時，並不表示你失敗，你只是得到了結果。
- 接著問自己這個能提升生活狀態的有力問題：「我要如何

面對這個結果？」並繼續以感激而非怨懟來面對並非最佳的結果。

- 當別人說你「失敗」時，溫和地糾正他們：「我沒有失敗，現在我多知道了一種烤不好蛋糕的原因。」

- 刻意去做之前很少做或沒有天分的事。擺脫恐懼或失敗的方法是面對它，並笑看結果，千萬不要為之前的結果感到尷尬或退卻。

〈完美體態〉

對我來說，每一立方英寸的空間都是奇蹟⋯⋯
我歡迎自己的每個器官和特徵⋯⋯
沒有哪一寸，哪一分是不足取的⋯⋯

——華特·惠特曼（Walt Whitman，西元一八一九年至一八九二年）

惠特曼為美國散文家、記者和詩人，主要描寫各種生命
的神聖之處，包括各種形式即便是死亡，還有人人平等。

身體由分子和原子組成，不斷變化。在體內的「非地之地」
中，有個永恆的觀察者，那便是不變的神性。惠特曼從神聖的視
角尊重自己的身體及其不斷變化的狀態。他曾觀察到，「如果說
有什麼是神聖的，那麼人體便是神聖的⋯⋯」你對這句話有什麼
反應？你對自己所占據的這副身軀感覺如何？你的回答與你的生
活品質（物質生活和精神生活）有很大的關係。

你對身體的態度會影響到構成身體的原子和分子。醫學博士
迪帕克·喬普拉（Deepak Chopra）經常對聽眾說：「快樂的思想
造就快樂的分子」，意思是喜悅的淚水與悲傷的淚水有截然不同
的化學成分，所以要與身體和平共處，珍惜各個器官、脈搏血液

和骨骼的實體結構。當它移動、思考、夢想、計算、愛及不斷變化時，保持敬畏的態度。惠特曼希望你擁抱接納不斷變化的身體奇蹟，保有驚喜的心態。

你的身體沒有任何一處是不足取或不完美的。它不會太矮、太高、太短、太黑、太白。你的毛髮顏色、剩下的髮量、生髮的地方，都有其神聖的秩序。你的胸部大小剛好，你的眼珠是對的顏色，你的唇剛好豐滿。快樂的思想能創造出健康的分子，你的心靈也與身體健康有很大的關係，你的身體本質上就是一個自然運作的系統，而「你」是出現在這個身體裡。這副身軀的體型、大小，以及被誤稱為「殘障」的部位，都展現了完美的秩序。

經過幾週妊娠，你在母親的子宮裡心臟開始跳動，不管你有什麼意見，你的身體都會開始形成。這個身體建構的過程對地球上的每個人來說都是個謎。誰能解釋呢？你的身體從虛空啟程，手指和腳趾從一個小小的細胞原生質長出來。怎麼長的？從何而來？誰把未來的智慧種子種進去的？如今你住在這副不斷變化的身體裡，身體在子宮外的變化就與在子宮內一樣劇烈震盪。你得要好好觀察。你，這個無形的「我」，是這個系統裡的魂魄，是這完美造物的寄宿者。

你的身體就像學校的課程，不過這是學習認識上帝的課程。這是你的上帝之屋，是你在地球的時候體悟上帝的所在。認為這上帝之屋有不足取或討厭之處，就是對這神聖廟宇的汙衊，這裡

是整個宇宙中，你知道自己與上帝連結的地方。沒有人能阻止這個身體的不斷變化，沒有人能改變這個身體的基本結構。你住在某個由無形力量推動的東西裡，隨其本性前往某處。除非想否定那創造出你的智慧，否則請不要厭惡它的任何一處。

請像對待一個來訪且隨後會離開的客人一樣對待自己的身體。當它在的時候，不要忽視它，不要危害它。請讚許它，歡迎它，並讓它順其自然地離去，回到最初的地方。用趣味的心看待身體不同階段的變化，讚嘆它的每一寸。

撞到腳趾頭、切到手指或拉傷肌肉時，感受到即便是這麼微小的地方都有如此令人揪心的痛時，停下來提醒自己去感謝你有腳趾、手指和肌肉。提醒自己，它們在你沒注意到的大半時候都在完美運作著。為什麼要對身體有不好的想法，或蔑視這個不斷變化的神聖創造物呢？擁有這個身體是有幸的。請尊重它，將它視為停放靈魂的車庫。不要對靈魂車庫，即你的身體，有輕蔑的想法。不要抱怨它的大小、顏色或殘缺破損的地方。

只要心存感激和敬畏，你就不可能輕忽它。當內在的你驚喜又驚奇、敬畏地看著這個宇宙的每一寸，知道它沒有錯誤時，就更願意修復它，使它清爽發光、健康有活力。如果毛髮選擇長在耳朵裡、肩膀上、鼻子裡，而不是長在頭頂，那麼就接受吧！如果骨骼周圍的皮膚鬆弛，請讚嘆這個皮膚變得鬆弛的過程。拒絕執著於肉體，以為它會永遠存在。每個身體都會面臨死亡，但矛

盾也在這裡；在這樣的身體裡住著不朽的自我。請像惠特曼經常在其偉大詩歌中提到的，選擇從看待奇蹟、神聖的角度，將你的身體看成觀察世界的出發點。

以下是將惠特曼的觀察智慧應用到日常生活中的建議：

- 每天感謝這座容納你靈魂的聖殿。對你的肝臟、視力、胰臟、每個器官、身體的每一寸都給予口頭讚美。只須說：「感謝上帝，讓我在這個不斷變化且始終完美的地方，觀察著萬千世界。」
- 更有意識地選擇如何對待這個身體奇蹟。在給予鍛鍊、美味食物和大量淨水時跟它說話。「祝福你，我的奇妙身體。因為意識到你是如此完美的創造，我會避免對你不好。」
- 帶著喜悅觀察發生在身體裡的變化，無須感到不悅。不要說自己身體任何一處有缺陷，上帝不會創造出有缺陷的東西。
- 好好對待身體，就更有機會改善精神生活。物質世界是從無形的精神世界創造出來的。純粹的思想能夠幫助你保持淨化、健康的身體。要記得，想法能治癒身體，但身體卻療癒不了心靈。這便是為什麼用敬畏和感激的態度來接納身體，是提升精神生活如此重要的一環！

〈超越年齡〉

摘自《愛麗絲夢遊仙境》

〈父親威廉〉

年輕人說：「威廉父親，您老了，
頭髮變得花白；
但您卻不停倒立——
您說這把年紀，這樣可安心？」

威廉父親對兒子說：「我年輕時，
擔心倒立會傷到腦子；
但現在我確信自己沒事，
怎麼確定？我倒立一次又一次。」

年輕人說：「您老了，如我剛才說過的，
而且變得非常肥胖；
卻能後空翻進門來——
這是怎麼回事？請您講講。」

老父親搖搖灰白的捲髮說：「我年輕時，
為保持四肢柔軟靈巧，
用的是一先令一盒的藥膏——

讓我賣你幾盒可好？」

年輕人說：「您老了，而且下巴脆弱
照理只能喝些稀飯；
可是卻把一整隻鵝連骨帶嘴全都啃光——
請問你怎麼做到的，跟我講講？」

父親對兒子說：「我年輕時，研究法律條文，
每個案子都與妻子辯論；
因此我的下巴肌肉發達，
夠我受用終身。」

年輕人說：「您老了，真難想像，
您的視力像從前一樣穩定；
但您居然能把一條鰻魚，
立在鼻尖上——
你怎麼能這麼厲害？」

「夠了，我已經回答三個問題啦。」
爸爸說：「你別太放肆呀，
你以為我能整天聽這些廢話嗎？
滾，不然要踢你下樓啦！」

——路易斯‧卡洛爾（Lewis Carroll，西元一八三二年至一八九八年）

卡洛爾為英國作家、數學家和攝影師，最廣為人知的作品是《愛麗絲夢遊仙境》與《愛麗絲鏡中奇遇》。

筆名為卡洛爾的查爾斯・勒特威奇・道奇森（Charles Lutwidge Dodgson），是一位害羞靦腆的英國數學家、攝影師和小說家。他單耳失聰，說話結巴，從未結婚，但非常喜愛孩子和被孩子們圍繞著。他與孩子們能自在輕鬆地說話，也很喜歡說故事給他們聽。他經常帶著他的「小」朋友們去野餐，愛麗絲的探險故事就是在這樣的環境下創造出來的。在《愛麗絲夢遊仙境》出版的二十五年後，他回想道：「我拼命想激發出新的童話敘述方式來，所以開頭就把女主角送進兔子洞裡，當時也不知道後來會發生什麼事。」

這個用主人翁「愛麗絲」來不停講述新奇故事的習慣，後來成就了《愛麗絲夢遊仙境》，而道奇森也以「卡洛爾」這個筆名，成為至今最廣為人知的童書作者之一。上面的文字便是摘自這個知名的故事，卡洛爾最早是在一八六二年跟一群孩子們從牛津順著泰晤士河而上，在河岸野餐時，講了這個故事。今日全世界的大人小孩都讀過這個故事了。

〈父親威廉〉是一首幽默的歌謠，描述一對父子之間的對話。孩子認為父親是一個年邁的、乾癟的小人物。威廉父親的回答則

給了正面對著身體衰老的現實，但其中也住有一個不老靈魂的我們，一個雙重訊息：（1）只有覺得自己老了才是真的老；（2）無論選擇做什麼，都可以成為專家。威廉父親回答孩子的每個問題時都提到自己的青春，而青春是孩子們普遍不會感覺到的事物。威廉父親還以愚蠢諷刺的行動做為回應。他聲稱，倒立是因為年紀大，消除了年輕時認為大腦需要保護的想法。他雖然胖，但翻得了筋斗；儘管下巴很脆弱，卻嚼得動骨頭。卡洛爾的作品之美在於諷刺和奇思妙想。他告訴我們，變老是理所當然的，而被年輕一代嘲笑和誤解也是預期之中的事，但這與我們如何繼續過自己的生活無關。

　　威廉父親對兒子的反應是個信號，讓我明白一定要拒絕讓年老孱弱的心態進入自己的身體。他提醒我，我可以保持活潑的心態，而這個內在的決定會使我展現出無分年齡的樣貌。我很喜歡這個想法，每天都保持著這種心態。

　　二十多年來，實際上是近四分之一個世紀，我告訴身體每天都要出去跑步，無論有多不舒服。我指示身體要定期到海邊游泳，每週至少打五次網球。我告訴它盡可能走樓梯，而不是坐電梯。我經常告訴它，寧可走路也不要開車去指定的地方辦事。我要它做仰臥起坐和捲腹運動、打籃球、踢足球，肩並肩地陪孩子們參與活動。不僅如此，我還以同樣的奇思妙想和輕鬆諷刺的方式提醒這些年輕人和他們的朋友們，我可以和他們一樣，一整天

做這些事也不累。對於他們的戲弄，我像威廉父親一樣說：「你以為我能整天聽這些廢話嗎？滾，不然要踢你下樓啦！」

你不必隨著身體在生命階段的自然變化過程而覺得自己衰老。你可以很輕易地屈服並說自己是老人，隨著這個自我標籤變得老而無用或死氣沉沉。或者你也可以看看威廉父親的例子，認真看著自己的身體，對它說：「你無法阻止我活得充實。」

我從威廉父親給年幼兒子問題的荒謬回答中得到的第二個訊息是，不必將自己局限在某個專業領域。你**可以**同時是出色的知識分子和運動員，即便很多人覺得這兩者截然不同。我常聽人說，偉大的作家和偉大的演講者不可能兩者兼具。那些人告訴我，作家性格內向，喜歡用文字和紙筆交流；而演講者性格外向，擅長與人交流，因此往往沒什麼寫作天賦。

我認為這就像威廉父親聽到兒子的問題一樣，全是無稽之談。我選擇兩者兼而有之，我知道自己既享受古典音樂，也愛看足球比賽，甚至會踢足球。你可以同時喜歡詩和浪漫小說。你可以到迪士尼樂園體驗虛擬實境，同時加入存在主義的討論小組，並同樣自在。要了解自己，你無需將自己塞進任何框架。不需要找出與生俱來的那一兩個興趣，然後只去追求那上帝賦予的天賦。你可以決定追求自己選擇的任何領域，並達到高水準的專業。你是兼容並蓄的人，而不是單一面向的存在。面對嘲弄你能力枯竭有限的年輕人的質疑時，請記住活力充沛的威廉父親，也

就是道奇森與卡洛爾以豐富無邊的想像力所創造的角色提出的回應，他倒立、在鼻尖立鰻魚、翻跟斗，同時好脾氣地把評論他的年輕人送走，告訴他：「你別太放肆呀……滾，不然要踢你下樓啦！」

我建議你把任何覺得自己衰老或身體受限的想法，無論是正要產生或已經有的，都踢下樓！要開始這個過程，建議如下：

- 與身體對話並強迫它更加有活力，無論身體如何反抗。如果你已經讓身體習慣躺在沙發不動，它便會抗拒走路和跑步，對各種運動計畫拖拖拉拉。注意那些抗拒的想法，動起來就是了！
- 不要用任何標籤限制自己，像是「我不擅長……」或「我對……沒興趣」這樣的說法。那只會加強你對自己的限制。只要你下定決心，就能學會並享受任何事。
- 訂定一個不斷自我精進的計畫，目的是將自己的身、心、靈提升到最佳狀態。寫下自己的功課表，每天持續練習。
- 學習新的或不熟悉的事物，例如射箭、橋牌、瑜伽、冥想、太極拳、網球、跳舞等，或任何你從未接觸過的事物。

〈仁慈〉

〈莫哭泣，少女，戰爭本是仁慈的〉

莫哭泣，少女，戰爭本是仁慈的。

因妳的愛人向蒼天狂亂揮舞雙手

受驚之馬獨自陷陣衝鋒，

莫哭泣。

戰爭本是仁慈的。

軍隊嘶啞急促的鼓聲，

渴望戰鬥的卑下靈魂——

這些人本是為戰鬥與犧牲而生。

無以名狀的榮光飛越而過；

偉大的戰神啊，偉大——其國土亦然

那遍布著千萬屍首之地。

莫哭泣，寶寶，戰爭本是仁慈的。

你的父親在黃土戰壕翻滾，

他的胸膛劇烈起伏、窒息、死去，

莫哭泣。

戰爭本是仁慈的。

火焰湧動的軍旗，

紅色金色的羽冠戰鷹，

這些人本是為戰鬥與犧牲而生。

他們殺戮的本領突出，

完美屠殺稀鬆平常，

那遍布著千萬屍首之地。

母親的心卑微如鈕扣，

懸掛在愛子光彩輝煌的裹屍布上，

莫哭泣。

戰爭本是仁慈的。

——史蒂芬·克萊恩（Stephen Crane，西元一八七一年至一九〇〇年）

克萊恩為美國小說家、短篇故事作家、詩人及戰地記者，
最有名的作品應是《紅色英勇勳章》（*The Red Badge of
Courage*）。二十九歲逝世，生前努力創作，奠定了他在
美國文學歷久不衰的地位。

　　克萊恩是十四個兄弟姊妹中的老么，一生短暫而璀璨。他刻
畫下自己最愛與最厭惡的事物。街頭暴力及其受害者是他第一本
小說《阻街女郎瑪吉》（*Maggie: A Girl of the Streets*）的主軸，以
同情的筆觸描述一位來自貧民窟的無辜女孩如何淪為娼妓，最終

自殺身亡。這個議題在一八九三年的文壇是禁忌，因此克萊恩必須匿名，且沒有公開出版。他隨後於一八九五年出版了經典小說《紅色英勇勳章》，描述戰爭的可怕。

他寫下自己對暴力的厭惡、對受難者與受壓迫者的同情，然而他也同樣受這些災難事件的第一手報導與體驗所吸引，並曾與一位妓院老闆同住。克萊恩的寫作與記者生涯很短暫，對世界各地的戰爭報導並不多。他於二十九歲於古巴撰寫美西戰爭時死於瘧疾與結核病。

對我而言，這首極為諷刺的詩不只是對戰爭及其所有恐怖的撻伐，也是對任何暴力形式的經典刻畫。在這暴力之中，也包含我們在每日生活中看見的不人道，以及我們心中的憤慨及怒火。這些同樣具有毀滅性，也是詩人在慨歎戰爭時的主題。他的諷刺詩〈戰爭本是仁慈的〉寫的是那些他所謂渴望戰鬥的「卑下靈魂」，他們在殺戮這樣可怕的事中尋找美德，在千萬屍體之地尋找自身長處。對我來說，這使我警惕內心是否有殘餘的「卑下靈魂」，鼓吹將不人道當作榮耀。這是一個提醒，讓我的「偉大靈魂」戰勝它卑下的同類，對任何形式的暴力都不好奇也不著迷。

世上到處都有人帶著槍，留下少女哭泣，無論是在戰場上，還是在家裡、學校、街道和操場上。那些施加暴力的人似乎都是為戰鬥與犧牲而生，但我們不相信人是為這樣的命運而生的。這種屠殺是我們對戰爭和殺戮、暴力和憤怒感到好奇和著迷的結

果，於是便將我們最恐懼的東西吸引到我們的共同生活中。我們以更微妙的方式過著與詩人克萊恩相同的生活，將那些使我們厭惡的東西吸引過來。如果不駕馭好那個卑下的靈魂，我們也將在追尋戰神無可名狀的榮耀中成為犧牲品，而他的王國裡有千萬具屍體。

我們對動作片的喜愛，反映了我們對暴力及其最終執行，即殺戮的著迷，人類的生命價值在其中被大大降低，致使我們覺得奪取生命是有趣的。無論我們是否意識到這點，但為了讓消費者開心而殺人，會對集體意識造成影響。我們捍衛攜帶手槍的需要和權利，因此槍枝成為商業世界中的高利潤商品。如今，這個產業的目標是讓每個男人、女人和孩子都有一把槍，而我們每天都在接近這個目標。「莫哭泣，戰爭本是仁慈的。」

然而，讓人哭泣的事太多了，我們從不缺乏眼淚。我們對戰爭和不必要的暴力幾乎永不滿足，這使我們所愛之人成為犧牲品，每天、每小時都有少女們痛苦的哭嚎。我們生活在地球上最暴力的社會中，每年都有數十萬人被殺和致殘，而我們的「領袖」幾乎很少注意到這些事，因為他們忙於譴責他國侵犯人權的行為。最近，中國因為國家的人權立場受到嚴厲批評，導致一些國家官員在訪美時沒有得到美方外交承認。我想這與克萊恩的詩〈莫哭泣，少女，戰爭本是仁慈的〉一樣具諷刺意義。

要改變對戰爭、殺戮和暴力的迷戀，我們必須先審視自己的

內心，讓「偉大靈魂」戰勝那些傾向。我們必須深入內在，找到我們以某種非世俗的方式與無形智慧連結的地方，並保有這樣的意識。我們必須拒絕參與小看暴力和殺戮的娛樂活動。我們必須教導年幼的孩子，他們不是為了戰鬥與犧牲而生，也不是為了以死亡做為勇氣的象徵而向蒼天揮舞雙手。我們必須培養他們對暴力的不齒，並遏止過度以在戰鬥中獲勝來獲得認同而產生的憤怒衝動。我們必須教導他們合作的價值，而非競爭；以及印第安人的偉大智慧：「沒有一棵樹的樹枝會愚蠢到彼此打架。」

我們必須選出那些能看見世界充滿武器和砲彈有多可怕的人。而他們必須不惜一切代價，以真正的勇氣，終結所有以殺人為目的的武器，從巨型核彈到小口徑手槍。如果武器是為了帶來死亡，我們便必須找到其他解決問題的方法。最後，我們必須審視自己的內心，使我們的「卑下靈魂」不受暴力牽引，並找到對善意和愛的執著。

「我們只需要給彼此再多一點善意。」阿道斯・赫胥黎（Aldous Huxley）終其一生研究和探索人類精神，臨終前被問到給人類的建議時，他如此回答。簡單的話，簡單的解答。戰爭必然是不善的。善意不僅是整個世界的解決方案，也是我們個別人生的解決之道，而一切都從自己的人生開始。

要將克萊恩詩中的意識融入生活，請開始這麼做：

- 不讓自己接觸任何殺戮和虐待形式的娛樂，拒看宣揚暴力或泯滅生命價值的電影、電視、書報雜誌。
- 教導孩子們善意的價值，而非殺戮戾氣。告訴他們為什麼不希望他們玩手槍和武器。向他們解釋，只要選擇良善，而非殺戮遊戲，便能改變世界。
- 當感覺自己有暴力衝動時，請克制自己，並靜靜與自己對話，讓自己放下怒氣，重新回到良善的思緒。當「憤怒」湧出時，好好認識它，便能開始讓「偉大靈魂」馴服「卑下靈魂」的低劣欲望。
- 支持以消除全球暴力為宗旨的團體組織。從聯合國到當地團體，有許多組織都希望以人類的良善為基礎來組織委員會和政府。請至少選擇一個組織團體給予支持。

〈歡笑〉

〈孩子的笑聲〉

天上所有鐘鈴搖，

天上所有鳥兒叫，

地上各處井水滔，

地上八面風兒嘯，

　甜美之聲匯聚；

　美過人間之聲，

琴師之手，鳥兒之調，

　黎明拂動森林響，

　淙淙泉水流歡暢，

　暖暖天氣風送爽，

　有種聲音還未記，

　舒心沁甜是唯一，

　日下人們只聞及，

　不知其是最妙矣，

　願在往後入天際；

飄柔有力又振奮——

　輕鬆愉悅音質純，

旭日剛出好時分──

當心靈滿是歡欣，

孩童清脆笑聲臨。

即便迎賓金鐘響，

未有這般音色強，

無畏聲調告時光，

猶如號角金閃亮，

奏出天國之樂章。

就算那金冠鷦鷯，

聲如夜鶯般絕妙，

　人間所見所聞，

亦有其半分美好，

當那七齡孩童笑。

──阿爾加儂・斯溫本（Algernon Charles Swinburne，西元一八三七
年至一九〇九年）

斯溫本為英國詩人及文人，以反對維多利亞時期的社會
傳統及宗教信仰聞名，詩中帶有異端精神及音韻旋律。

　　想像一下斯溫本在這首談孩子笑聲的細膩詩歌開頭所描述的
聲音。試著去聽一聽、看一看天上的鐘聲和鳥兒，地上的井泉，
風、豎琴、沙沙的樹木和鳴禽。大部分是自然的旋律聲音，讓人

憶起大自然的和平與安寧。那是上帝的聲音，靜靜聆聽能令我們衷心喜悅。

寫下這首詩的斯溫本為維多利亞中期的多產詩人，被稱為文字音樂和文字色彩大師，我很喜歡這些說法。他用無與倫比的藝術天賦將世上最美麗的自然聲音與孩童笑聲比較，認為自然聲音不及孩童笑聲的一半美好！我喜歡一遍又一遍地讀這首詩，而且完全同意詩人的看法。再沒有比笑聲更美妙的聲音了，尤其是孩子的笑聲。

我們最小的女兒莎雅還是嬰兒時，她的笑聲是我聽過最有感染力的笑聲。即使到十個月或十一個月大的時候，如果有什麼事讓她覺得有趣，她便會從肚子深處發出哈哈大笑。當這個笑聲出現時，全家人都會聚過來，努力讓她再發出那可愛的笑聲。我們都很愛感受到寶寶的快樂。

就在今天，我的小兒子桑斯在數百人聚集的足球場上奮力高踢一腳後，讓足球卡在棕櫚樹上。拿東西丟球多次徒勞無功後，我跟朋友史蒂夫提議，我拿著耙子站在他肩膀上，請他把我舉起來，我就可以把球撥下來。看到兩個大男人抓著耙子抱著樹，站在對方肩膀上，讓孩子們哈哈大笑起來。

儘管我們笑得人仰馬翻，根本停不下來，還是把球拿下來了。任務完成時，好多人過來跟我們說，這個逗趣的畫面讓他們看得很開心。我們的孩子永遠不會忘記邊解決問題邊搞笑的趣味。

無論實際年紀多大，要培養笑的習慣和健康的幽默感，就要重新熟悉我們內在的孩子。我們經常將「成長」與「變得嚴肅」畫上等號，好像變得成熟就代表要扼殺我們童稚的笑聲。我喜歡的演講者會在演講時加入很多幽默感，我尤其喜歡那些自嘲而不是取笑別人的人。

　　我最敬佩的老師們，無一例外地有很棒的幽默感。他們不害怕將幽默感帶進課堂，無論是化學、數學還是文學。我最喜歡與那些經常開懷大笑，並能讓我同樣笑出來的人在一起。我所有的孩子都有這項特性。看見他們臉上因大笑而發亮時，我總會激動不已。事實上，光是坐在這裡寫下這些文字，想像孩子們的笑，我整個人便能感受到一波波的開心感受。光是「**想**」笑，都可以很療癒！

　　笑聲和幽默感是非常療癒的。我很喜歡伏爾泰的觀察，他在作品中將幽默和諷刺運用得無比出色。他說：「笑的時候，總會出現一種喜悅，與輕蔑或憤慨完全格格不入……」伏爾泰提醒著我們笑聲的價值，他說，要同時悲傷和開懷大笑幾乎是不可能的。晚上睡前回顧這一天，發現自己笑得不多的話，建議你下床做一些事，純粹為了有趣而做。光是這麼做便可能讓你笑出來！這樣做的時候，留意自己的身心感覺是否更好了。

　　諾曼‧考辛斯（Norman Cousins）被告知患有不治之症、某種將奪去他生命的脊髓惡化症時，他要家人帶搞笑影片到醫院給

他，愈多愈好。他每天反覆看搞笑表演，例如三個臭皮匠（Three Stooges）、阿爾伯特與科斯特洛（Abbott and Costello）以及傑克本尼（Jack Benny）的喜劇節目。笑便是他的治療方法，而這個真實故事就記錄在他的《疾病的解剖》（*Anatomy of an Illness*，暫譯）中，這本暢銷書描述他如何透過笑來克服絕症。我們笑的時候，身體的化學成分會改變。我們會將胜肽和腦內啡導入血液，為身體帶來巨大的復原能力。笑的淚水和悲傷的淚水有不同的化學成分，這是不是很有趣呢？

斯溫本早在科學醫學證明身心有所連結，或是笑的醫療價值之前，就寫到孩子的笑有多美好。孩子的笑既是鎮靜劑又是興奮劑，卻沒有不好的副作用。本能告訴我們要笑、要讓生活變得有趣、要擺脫食古不化的思維和臭脾氣。不僅是鳥兒、風中樹木、瀑布及雨聲等斯溫本在這首樂音悠揚的詩中提到的聲音是自然的，「人間所見所聞」也是自然的。

如考辛斯告訴我們的，有趣的聲音不僅可以治癒身體，還可以療癒精神。有句古老的東方諺語提醒我們：「花時間笑，就是花時間與神同在。」我們都有自然的本能，希望生活中有笑聲。我們都希望生活充滿活力，感覺彼此之間更靠近，治癒病痛煩惱，並能用積極的方式影響世界。要實現這些崇高的理想，最簡單和最基本的方法之一就是花更多時間單純享受快樂並用力大笑出來。正如斯溫本說的：「旭日剛出好時分——當心靈滿是歡欣，

孩童清脆笑聲臨。」

直到多次重讀這首詩，我才發現莎雅嬰兒時的燦爛笑聲是由於「心靈滿是歡欣」。現在我明白，自然而然地想笑並無所顧忌地笑出來，這些本能確實源於我們每個人內在的神聖空間。

要將這首詩的智慧融入生活，可以嘗試以下建議：

- 花時間觀察孩子們的互動，留意他們玩耍的時候多常笑。接著提醒自己的內在小孩，他也有同樣的本能。保有赤子之心、讓生活更放鬆一些，讓內在小孩能用更好玩的方式來表達自己。
- 如果你一直將自己定義成「嚴肅的人」或沒有幽默感的人，現在就把這些標籤撕掉吧！不需要因為習慣而將自己困在任何框架中。
- 努力多笑一些，別讓任何一天完全不笑地過去。考辛斯說，這在「不好的日子」裡尤其重要。他透過笑，將不好的日子變成了好日子。
- 迎接任何可能使你發笑的有趣事物：去遊樂園、演唱會、喜劇俱樂部、看有趣搞笑的電影、玩有趣的遊戲，如團體手足平衡遊戲〈扭扭樂〉或紙牌遊戲〈魔法婆婆〉[1]。這些活

---

1 譯註：類似撲克牌遊戲〈抽鬼牌〉。

動都能讓你重新感受生活中的「笑果」。不停重複這句寶貴的話:「當個孩子,像個孩子。」

- 給自己一點瘋狂能讓生活更輕鬆。別人問你在做什麼的時候,跟他們說:「我在製造腦內啡!」

〈視覺化〉

有個心理學法則是，你想成為什麼樣的人，只要在心裡
描繪一個畫面，放得夠久，那你很快就會變成心中所想
的那個人。

——威廉·詹姆士（William James，西元一八四二年至一九一〇年）

詹姆士為美國哲學家、心理學家及老師，也是在神學、
心理學、倫理學、形而上學領域很有天賦的作家。

詹姆士來自書香世家。他的父親老詹姆士（Henry James,
Sr.）是備受尊敬的哲學神學家，根據伊曼紐·史威登堡（Emanuel
Swedenborg）的理論提出自己的哲學理論。詹姆士的弟弟亨利
（Henry James）比他小一歲，是世界級的小說家，著有《黛西·
米勒》（Daisy Miller）、《貴婦畫像》（The Portrait of a Lady）和
《大使》（The Ambassadors）等小說。

許多人認為詹姆士是現代心理學之父。在上面這段簡短的引
文裡，他給了我們一個強大的工具，讓我們可以在日常生活中使
用。這段話好在其簡明扼要，若能真正理解這個偉大祕密，便能
使你成為你想成為的那個人。然而，由於很簡單，這個祕密常常

被那些將不快樂歸咎於運氣、神靈、環境、經濟、遺傳、家族史的人忽視，用無窮無盡的藉口解釋自己的失敗和缺點。

詹姆士是一位炙手可熱的宗教、哲學和心理學講師，他將這些領域從非科學哲學轉化為實驗室科學。他放棄了決定論的哲學理論，公開表示：「我行使自由意志的第一個舉動，就是相信自由意志。」他將本章開頭的這段話稱為「心理學法則」。這個在我們腦海中形成畫面的過程通常稱為「視覺化」，根據的是《聖經》「所願皆所想」的概念。這個概念超越了正向思考。如果想看到生活提升到新的層次，我鼓勵你好好挖掘這個法則。

我們用圖像思考，如同我們夢中有圖像一樣。不是單字、句子或片語，而是心理圖像。文字是符號，使我們能交流或描述這些圖像。詹姆士所說的是，你可以運用自由意志來控制這個想像過程。如果能學會保有這些圖像，不讓任何人弱化圖像，久而久之便能將這些圖像化為現實。你將成為自身存在及生活一切事物的共同創造者。

我寫過一本書，名為《心想事成的九大心靈法則》（Manifest Your Destiny）。書中探討這個過程背後的法則，我就不在這裡重複這九項法則了。我要給你的是「四真」，讓你從今天開始就能將其付諸實踐。這「四真」是：**當你真的、真的、真的、真的想要，你便會心想事成。**

第一個「真」代表你**真正希望**。請在心中描繪出你想要的生

活，例如升職、新車、減肥、戒毒或任何事。一旦有了畫面，你就會看見自己做某個工作、開新車、達到理想體重或沒有癮頭的樣子。你展現的一切都始於這個內在念想的視覺化。

第二個「真」代表你**真正渴望**。僅在腦海中有畫面和真正渴望之間的區別在於你有多想達成。「要了就會得到」不是空穴來風。無論你希望得到畫面中的什麼，請大聲在心裡索取。「上帝，請求祢在物質世界中助我一臂之力，為我帶來這個願景。」

第三個「真」代表你**真正打算做**。既然有了希望和渴望的願景，就要表達出實現願景的希望或渴望的意圖。就像這樣：「我打算與……合作，在我的世界裡實現這幅願景。」空格中想給這個開創性的才能填上什麼名字都可以。但千萬不要說「一切都會好起來的」或「如果我夠幸運的話」。把意圖陳述出來，是根據本章一開頭引用的詹姆士所提出的法則。

第四個「真」代表你**真正有熱忱**，或我會說是拿出鐵一般的意志。不准別人澆冷水或掃興地擋住你的願景。拒絕別人的負面意見，盡可能默默地去做自己打算要做的事。這個熱情是詹姆士所說的「只要在心裡描繪一個畫面，放得夠久……」那些**真的、真的、真的、真的**能將渴望的事物吸引到人生裡來的人，並不是因為幸運，也不是因為環境造就了他們的渴求。他們無時無刻在為這「四真」努力，尤其是第四個「真」——**真正的熱忱**。

我人生中的一切幾乎都是這個視覺化的「心理法則」帶來

的，包括我出過的書和錄音帶，都是從「希望」開始。這本書的誕生是因為我「**希望**」自己寫一本關於大智慧的書，將人生中所崇敬的人與他們的智慧詮釋給讀者聽。即便他們已經離世，他們所留下的，今日依然受用。我確實預先看見了這前六十頁的許多詩和作品，也看見了我寫給讀者的文字。於是我將這個「**渴望**」告訴太太、經紀人和編輯，同時也尋求宇宙的力量幫助我一起將它完成。

接著便有了創造這本書的「**意圖**」，我把出版想法告訴許多人和單位。有些人喜歡；有些人抱有質疑，告訴我分析詩作不受歡迎的各種原因；有些人直接勸阻了我。我對這本書有自己的願景，我也喜歡將這些偉大作者帶進讀者生活的想法。

最後，我的「**熱忱**」得到勝利，因為我無法忽視這幅願景。如詹姆士所說的：「你很快就會變成心中所想的那個人」。最後我的手中真的有了這本書，其中的關鍵便是投入「四真」並確實執行。

「是什麼讓你不願去讓它發生？」我經常聽到有人不解為什麼事情沒有如願實現，而這便是我的回應。當你有了熱忱，並且拒絕任何外部干擾時，沒有什麼能阻止你。套用詹姆士的說法，這是一條法則！

為了將這條法則實踐在生活中，我建議你做到「四真」。以下是我的建議：

- 願意為了想要的任何東西許願。你有權分享宇宙的豐富資源，不要限制自己或認為自己不值得。你是上帝神聖的創造物，與曾經生活在這星球上的任何人一樣，有資格得到富足、愛和健康。

- 以自己的名字表達希望，或以短句對創造力提出要求，許多人將這股力量稱為上帝。要願意尋求幫助，不要不好意思將自己的希望用寫的或說的表達出來。「要了就會得到」並非坊間傳聞而已。

- 練習用詞，為自己的請求消除質疑。例如說「我將會」「我可以」「我打算」之類的話，而不是用那些想要不敢要、空洞的語言來掩飾自己的渴望。

- 盡可能將自己的願景及實現願景的意圖留給自己。遇到阻力時，不要氣餒，而是將負面聲音化為更多熱忱，讓你的願景畫面變得清晰可觸。

〈家庭〉

〈屋頂〉(獻給阿梅利亞‧約瑟芬‧伯爾)

路很寬，星星出來了，夜晚氣息美好，

這是遊蕩之旅始於足下的時候。

但我很高興從寬闊大路轉身，星光灑在臉上，

離開璀璨的室外，邁向人類居住的地方。

我從沒見過真的喜歡在街上滿世界遊蕩

沒有家的流浪漢：

昨晚睡在穀倉的流浪漢在黎明時分離開

他將四處徘徊，直到找到另一個落腳的地方。

吉普賽人睡在他的推車上，頭頂有帆布；

或者在該睡覺的時候進入帳篷。

只要太陽還高掛，他會坐在草地上悠閒自在，

但當天黑時，他會想要有個屋頂遮蔽天空。

如果你稱吉普賽人為流浪漢，那麼你誤會他了，

因為他從不旅行，而是帶著家走。

而路途美好的唯一原因，每個流浪者都知道，

僅是因為有家可歸，家啊，出走是為了回到家的依靠。

他們說人生是一條高速公路，年歲便是里程碑，

時不時有收費站，你用眼淚買路賦歸。

這是一條崎嶇的路，一條陡峭的路，又寬又遠，

但最終通向一座金色小鎮，那裡有金色的屋簷。

——喬伊斯·基爾默（Joyce Kilmer，西元一八八六年至一九一八年）

美國詩人基爾默為人熟知的詩主要是〈樹〉，他於一次大戰期間死於法國戰場上。

雖然基爾默主要以一首開頭為「我想我永遠看不到與樹一樣可人的詩」的十二行詩聞名，但我選擇這首以家為名的詩，引申呼籲要珍惜和欣賞家的所有一切，尤其是家人和所愛之人。在基爾默這首詩所頌揚的屋頂之下，孕育著我們一生中最大的愛的源泉，必須好好珍惜。那些屋頂為我們遮風擋雨。對多數人來說，家有非常深的意義，代表我們在這地球之旅的暫時歸宿。家象徵一種安全感，與我們一起生活的人引領我們在這充滿陌生人的世界上，度過所有未知數。雖然對我們許多人來說，家庭生活遠非如田園詩般的生活，但無論我們決定旅行多遠，有家可回似乎仍能普遍帶來安全感。

我走遍這個星球，見過各式各樣的家。有人住在玻里尼西亞的草棚和冰凍苔原的冰屋裡；有些人與許多人一起擠在香港的狹

小公寓中；還有一些人選擇住在沙漠邊緣的帳篷裡。即使是那些無家可歸的人，通常也有一個位置，即便那是個大箱子或高速公路陸橋下的一處地方。我們共同的傾向似乎是找到舒適和安全感的蔽身處，將其稱為家。

基爾默寫到了這兩種共同的人性，既要流浪，也要有一個流浪後可以回去的地方。他說，在路上確實很棒，但沒有地方能像家一樣。這首詩之所以吸引我，是因為我有愛流浪的天性，但又喜歡待在家。詩中設法將這兩種看似相反的天性結合了起來。不只是我如此，我遇到的人與寄信給我的人，多數都有這兩種天性。

我們所有人都想多看看世界，想旅行，想說走就走。一個常見的幻想是像個失業的流浪漢一樣，自由自在地遊歷，拋開所有阻礙我們的條條框框。但與此同時，如詩人所說：「而路途美好的唯一原因，每個流浪者都知道，僅是因為有家可歸，家啊，出走是為了回到家的依靠。」無論旅行到何處，你都會看到人們聚在自己的蔽身處，而當然，那會讓我們想家。

〈屋頂〉提醒我們，對我們稱之為家的那個讓人安居的避風港，要從心底保有感激。環顧四周細數我們的幸福，有家的我們不僅不須遭受日曬雨淋，還能免去無家可歸的恐懼。此外，這些我們稱之為家的結構不僅是位置和建築材料。這些屋簷下有最關心我們的人，他們願意支持和餵養我們，不管遇到多大麻煩都一直在我們身邊。

有些我認識的人，比起屋簷下最關心他們的人，對陌生人反而更友善。

　　我們許多最基本的問題和痛苦都來自沒有能力與住在同一個屋簷下的人好好相處。然而，多數時候，共享一個家的家庭成員總有一種難以切斷的連結。我想起自己的兄弟們，幾十年來我們未曾同居，一年只見幾次面，但同在一個屋簷下的歲月，卻將我們凝聚在愛的圈子裡，永遠不會破裂。家所象徵的正是這種與他人的連結感，無法用任何計算方法來衡量，那是與共享該空間的人成為一體的感覺。基爾默要你珍惜這種感覺，並欣賞你稱之為家的一切，以及有機會在牆內和屋簷下一起生活的人們。

　　請無論如何都要遵從旅行的渴望，走那條寬闊大路，看看你所能看到的一切，而走在那條路上時，你也知道在寬闊大路的兩側和盡頭，都有某個人稱為家的地方。因此，走回那條最熟悉的路時，請在家門前停下腳步，深深地感激。不只是感激你有家可歸，更是感激那些為你建造了家，讓你在那裡長大，並給予你所有無論好壞、難易體驗的人。去流浪吧，然後回到自己的家。要遠離傷害並自力更生，需要許多愛、關懷、食物、努力和精力，而「家」便是供給那愛與關懷之處。

　　寫下這些感人詩句的詩人是第一次世界大戰期間美國軍隊的一名中士。這位敏感的年輕人自願離開紐澤西州新朗茲維克的家園，於一九一八年戰死於法國沙場，三十一歲即英年早逝。他這

首詩的最後幾行似乎是預言：「這是一條崎嶇的路，一條陡峭的路，又寬又遠，但最終通向一座金色小鎮，那裡有金色的屋簷。」

我無法想像哪裡有比第一次世界大戰的戰壕更崎嶇陡峭的最終道路，但基爾默中士也許明白那是一個更宏偉的歸宿，靈魂的所在。本詩的最後幾行彰顯出了這點，而他的〈樹〉也說：「像我這樣的愚人能造詩，但唯有上帝能造出一棵樹。」

以下是將這首詩的訊息融入生活的建議：

- 每天花一點時間欣賞你稱為家的周圍環境，不管有多麼堂皇或窄小。感謝那些給你這個家、與你共享這個家的人，並感謝神賜福給這個避風港。

- 做你所能做的，幫助這世界上沒有家的人。有些人選擇成為浪子，每天換地方住，稱之為家；有些人則是因為別無選擇而無家可歸。無論是在經濟上、精神上或實務上，請去服務那些渴求更長久的家的人。

- 教導與你同住的人一起讚許並敬重這個「家」，不僅是外在形式的家，還有其代表的避風港與關愛。

〈孤獨〉

〈孤獨〉

笑，這世界陪你笑；

哭，你將獨自哭泣；

衰老悲傷的地球必須借用歡笑，

但它自己的麻煩已經足矣。

歌唱，山谷隨歌相聞；

嘆息，隨風逝散去。

回聲應和愉悅之聲，

卻怯於表達心疼。

幸，人們尋你而來；

慟，人們轉身離開。

他們渴望你所有歡快，

但不需要你的悲哀。

喜，便高朋滿座；

悲，便空蕩蕭瑟。

無人會拒絕你的瓊漿玉液，

但你須獨自品嘗生活苦澀。

宴席，廳堂賓客如雲；

禁食，世界走過無痕。

成功和付出，助你活出人生，

但無人能助你死去。

快樂的殿堂尚有空間

讓成列高貴的車廂疾跑，

但我們必須一個接一個

魚貫穿過苦難禍患的狹道。

——艾拉・惠勒・薇爾考克絲（Ella Wheeler Wilcox，西元一八五〇年至一九一九年）

薇爾考克絲出生於美國威斯康辛州，有著戲劇性的性格，深受精神主義、神智學及神祕主義吸引，以詩集與詩文聯合專欄廣獲讀者喜愛。

　　這首詩的詩名為〈孤獨〉，但我認為更適合的詩名是〈態度〉！薇爾考克絲透過這首名詩對我們說的是，有什麼樣的人生態度，就會吸引到什麼事物。想著傷心事，便會引來空虛。想想開心的事，這世界便會陪著你笑。這首簡短而美麗的詩早在能量場理論出現之前，就以白話的方式傳遞了這個理論。

　　能量場理論的重點是，所有包含人類在內的生命體周圍都有一股無形的能量場運作著。無論我們身在世界何處，這個能量場

都會因我們如何想、如何面對生命經驗形塑而成。某些層次的意識會讓能量場快速振動，其他層次的意識則讓能量場緩慢振動。不同層級的意識都有持續的能量來創造出這個能量場。

當我們與另一個生物體接近時，便會與不同的能量場相遇。在能量強烈且長時間持續的地方，即便人已不在，能量仍會強大地發散。舉例來說，我們經常會感到悲傷或快樂，但卻沒有意識到自己已進入了某個無形的能量場。在阿姆斯特丹的安妮之家遊覽時，我必須強迫自己才能呼吸。已有千百萬人前來分享安妮的故事，但在那個如今已是博物館的屋子裡，空氣卻如此凝重。

喜悅的能量場也會持續存在。在高度靈性之人的所在之處，僅是在那個能量場裡，便能感受到愛，而那份愛會轉化為意識。薇爾考克絲並不知道能量場理論，卻以開頭這兩條詩句緊扣其核心：「笑，這世界陪你笑；哭，你將獨自哭泣」。

許多年前我在海灘上散步時，就體會到了這首名詩所傳達的意義。一位剛從芝加哥搬到佛州的女子在前一晚的電視節目上看到我，她認出我並走了過來。她說：「你住在佛州南部這兒嗎？」我說是的，我剛搭晚班飛機回來，想到海灘走走。接著她問了我一個很常見的問題：「這裡的人怎麼樣？」我用一個問題反問她：「芝加哥的人又怎麼樣？」她露出大大的微笑，告訴我中西部的人有多溫暖友善。我立刻告訴她：「這裡的人也差不多。」

在海灘散步的回程上，我又遇到一位隨著丈夫調職而從紐約

搬到邁阿密的女性，她上前來說，她在前一天晚上的電視節目上看到我，她很喜歡那個節目。我們聊了起來，接著她又問了一小時前我在這片海灘上才剛聽過的問題。我自然反問了她相同的問題：「紐約的人又怎麼樣？」她開始詳細數落大都市的人是如何冷漠、排外又不友善，我聽了後回應道：「那妳在這裡也會遇到同樣的事。」我們投射出什麼態度，便會為人生吸引到什麼能量。整體來說，覺得世界是一座化糞池的人會覺得髒汙無所不在，相信人性之善的人則會看見他人心中的善。

許多人抱怨現在美國服務業的品質都不太好。天天都會聽到別人說「服務就是很差！」其實，《時代雜誌》有一期封面故事，講的就是從量販店、餐廳到手錶維修店等各行各業每況愈下的服務品質。最近有個電視節目調查，發現在座所有人都認為服務品質很差。但我不這麼認為。我的解釋是，有什麼期望，就會招致什麼結果。走進量販店或餐廳時，我**期望**的是禮貌的態度和開心的感受，而通常也都如我所願。如果找不到店員接待，我也不願用不悅或嫌惡的想法來汙染自己的能量場，反而會開始把自己想找店員的能量傳遞出去。遇到態度不好的服務生時，我會立刻說：「看得出來今天好像好忙，但這裡有個客人很感謝你，辛苦了！慢慢來沒關係。」將他帶進我的能量場。你會發現詩人是對的：「喜，便高朋滿座；悲，便空蕩蕭瑟。」

你的能量場是由你的振動頻率產生，我們每天都在影響並被

許多人的能量場影響著。「不把能量給不想要或不相信的事」是一個非常受用的建議。每當你選擇哭泣而不是歡笑、嘆息而不是歌唱、悲痛而不是喜悅、哀傷而不是快樂、禁食而不是設宴、痛苦而不是愉悅時，你便是選擇放慢自己的振動，直接汙染了自己的精神能量場。

每天早上睜開眼，可以選擇說：「早安，上帝」或「天啊，早上了」。無論選擇的是何者，都是在邀請特定能量進入生活。確實，「快樂的殿堂尚有空間，讓成列高貴的車廂疾跑。」請謹記薇爾考克絲的詩，同時調整態度以增加能量場的振動：

- 遇到任何詩中提及的負面情緒，如悲傷、嘆息和哭泣時，問問自己：「我這個樣子，誰會真的想待在我身邊？」然後開始有意識地擺脫那種狀態。
- 你選擇改變狀態時，即使需要假裝，也要注意你是怎麼開始吸引想要的，而非不想要的能量來進入自己的能量場。你正在成為負極或正極的磁鐵，無論選擇變成哪一種，都會決定湧入生活空間的能量。
- 進入一個你覺得負能量太多的場域時，請有意識地努力成為相反的磁極來扭轉負能量。當身邊的人都皺著眉頭，請你微笑，散播歡樂而不是批評抨擊。
- 減輕負擔。你愈放鬆，愈不自負，生活中便能吸引到愈多

有趣的人事物。無論你是否相信自己做不到，但其實我們完全能掌控自己要有多少歡笑、歌唱和喜悦。

〈神祕〉

我發現了西瓜籽的力量。西瓜籽能從土地上長出來，長到其二十萬倍的重量。當你能跟我解釋它是怎麼超脫藝術模仿，從原有的材料生出綠色外皮，然後在裡面形成一層白色果肉，再往裡面是紅色實心，更裡面則密布黑色的籽，而每顆籽又能長到體重的二十萬倍——若你能跟我解釋西瓜的奧妙，那我就能解釋上帝的奧妙。

——威廉·詹寧斯·布萊恩（William Jennings Bryan，西元一八六○年至一九二五年）

布萊恩為美國政治領袖及演說家，也是推廣成人教育的肖托夸運動（Chautauqua）中備受歡迎的講者，或許最為人知的是擔任猴子審判事件[1]的檢察官。

每次讀到布萊恩這段關於西瓜籽力量的話，總會對我所見聞的無窮奇蹟感到深深的敬畏和讚賞。雖然他不是詩人、哲學家或

1　譯註：1925年美國教師約翰·史柯普斯（John Scopes）刻意違反禁止講授演化論的法案而遭控告，由此引發軒然大波與社會省思的事件。

靈性使者，但我節錄的這段話寫出了他對生命奧妙的見解，其中的道理值得我們省思。

布萊恩在他的時代是最激勵人心的演說家。他曾三次競選美國總統，均以差距很小的票數落敗，後來在威爾森總統時期擔任國務卿。然而他最為人所知的大概是一九二五年於著名的猴子審判中擔任助理檢察官，他針對《聖經》的字面詮釋提出了一場精采演說，捍衛上帝造物論的教義。

但本章並不是要你在達爾文進化論和上帝經造物論之間選邊站，而是說明神聖的生命奧妙是如何教我們每天活在更高層次的生活中。西瓜籽的力量當然是無形的，但沒有人能否認其存在。從布萊恩的觀點來看，西瓜籽「能長到體重的二十萬倍」，並「超脫藝術模仿」形成完美造物，確實展現出了驚人的力量。

在我們心中，這種創造力簡直令人費解。我們知道自己做不到，但我們知道每顆種籽都能創造出完美的生命，不會出任何一點錯。西瓜籽不會不小心長出南瓜或蘋果！這股無人能看見、觸碰、聽聞、品嘗的力量是完美的。既然沒有更好的說法，我就把這無形而完美的力量稱為「未來引力」吧！種子裡的這股帶有目標的未來引力也是不論誕生在宇宙何時何處的每個人類的起源，你也一樣！而我相信這其中也沒有任何錯誤。每個人的出現都是那股神祕的未來引力在主導，準時而有秩序，外觀都是註定好的，也註定了要依時程離開。

然而，你我和西瓜籽不同的是，我們處於巨大的矛盾中。我們和西瓜一樣，命運受未來引力決定，我們初生種子裡的細胞結構是一定的，但同時我們也是能做決定並擁有自由意志的生物。因此我們身上的奧祕是遠超過西瓜的。我們能思考可以做選擇的意義何在，我們人類能意識到那神祕的未來引力，並思考自己是如何被牽引著走向令我們無言以對的結局。

　　法蘭西斯‧史考特‧費茲傑羅（F. Scott Fitzgerald）與布萊恩同時代，他如此描述這巨大的矛盾：「要測試是否有一流智力，就要看人能否在腦中同時具備兩種相反的想法，而仍保有正常運作的能力。舉例來說，人應該要能看到事情是絕望的，但仍決心去使事情好轉。」就我看來，布萊恩和費茲傑羅的說法都是選擇積極生活，而同時心中明白，有股神祕的未來引力正在做它該做的事，使我們身體衰老和死亡。於是我們同時掌控，卻又無法掌控，讓這兩種截然相反的概念同時存在。

　　有了這個心態，你便不會再擔心自身形態的改變，以及周遭所見各種形態的變化。這些變化都與西瓜籽一樣，受同一股未來引力左右，而你能自由地以愛與接納，超脫恐懼地見證這些奧妙的變化。

　　單純處於形而上的接納狀態，此外什麼都不做，是一種極好的體驗。在這種狀態下，你便能以喜悅的超然態度看待一切，包括自己的身體。這不朽的人類真理是本書中所有詩人和哲學家的

主題：**我們用感官體驗生命，而內在也有超越感官的無形體驗者。**他們建議我們去覺察那股神祕的未來引力，然後選擇用欣賞的目光看待，或是做出評判並感到困惑。

思考布萊恩的話和西瓜籽之謎時，你會意識到自己身上也有同樣的「未來引力」。你也是這齣戲的一部分，而這齣戲創造出了比起初的種籽大數百萬倍的形態。你的覺知顯然讓你擁有比西瓜更大的優勢。不同於西瓜，你知道自己的形體會走上既定道路，然後化為塵土。你擁有最偉大的天賦，也就是思考這一切的意識，並在思考時感到高興或疲倦。

我建議你選擇接受自己的樣貌及其「未來引力」，並選擇發自內心去認同；不是認同指揮中心本身，而是認同其內部那個不受邊界、起點和終點影響的指揮官。那股覺知的力量就是你的天賦。你不須解釋上帝的奧祕，因為即使是一粒微小的種子，也含有那股包圍著我們所有人的無形未來引力。請更加敏銳地去意識這股力量的存在，在內心感受它，並讓自己感受到與這一切相連的巨大喜悅。

比起處在困惑之中，不知道能否影響那個叫做命運的東西，不如順其自然，在腦中同時保有兩種相反的概念。你居住在有界限的身體裡，但同時內在世界卻無遠弗屆。

要將對生命奧祕的讚頌融入生活，建議如下：

- 只要感覺自己陷入評判或擔憂之中，就運用心智來調整心態的齒輪。有句話說：「這一刻是奇蹟，我周圍的一切都是奇蹟。」這句話能讓你以讚賞的目光來思考，而非焦慮以對。

- 每天提醒自己，一切事物自有其安排。無論你有何意見，西瓜籽、你初生的那顆種籽，以及宇宙的種籽，都蘊含著一股未來引力。這是一個充滿智慧的秩序，而你是其中一部分，相信那雙智慧之手，會比質疑或甚至嘗試理解一切更加圓滿。

- 試著不要那麼理性地過生活，不用那麼聰明地規劃。放下心裡計算一切的欲望，讓自己順其自然地被未來引力推引，而未來引力正是你生命的根源。除此之外，享受香甜的西瓜吧！不用那麼努力去理解它。

〈工作〉

當你工作時，你是一支長笛，時間的竊竊私語透過其內在轉化成音樂。透過勞動熱愛生活，便是親近生命最深處的祕密。若沒有愛，所有工作皆是空，因為工作是有形的愛。

——哈利勒‧紀伯倫（Kahlil Gibran，西元一八八三年至一九三一年）

紀伯倫為黎巴嫩籍神祕主義者、詩人、劇作家及藝術家，一九一〇年後移居美國。

如果一定要用百分比來說自己的哪些部分可見、哪些不可見，我會這樣劃分：百分之一是可見的，百分之九十九是不可見的。這是依據《聖經》古老的提示得到的結論：「你怎麼想，就會成為那樣的人。」

我們的思想，即我們身為人不可見的那個部分，決定著我們塵世存在的主要成分，也就是肉體、可見的自我。而在不可見的那個部分，有我們真實的自己，我們可以想成是靈魂，或是不變的永恆自我，那是不會死去的那一面自己。現在請花點時間以這種方式思考**自己**，將自己視為百分之一的物質和百分之九十九的

靈魂。

現在，有了這個概念，提醒自己所有工作只占那百分之一的一小部分。在我們身為人的百分之一中，可能只有不到四分之一是投入到稱為「工作」的實質活動中。但是我們對工作的想法卻反映了我們身為人的一大部分。來自那百分之九十九部分的思想，也就是靈魂，永遠與我們同在。把生命精力花在我們選擇的工作上，使靈魂沉浸在存在的物質面的不開心、憤怒和沮喪中，便完全本末倒置了。如果我們有百分之九十九的是無形的，那麼這百分九十九便是以愛為尊的地方。

你對工作的「想法」代表著百分之九十九的真實自己。你討厭工作時，百分之九十九的你都會受那百分之一牽制。這些想法來自內在平靜的感受。紀伯倫稱其為「生命最深處的祕密」。如果你不愛所做的事，不做所愛的事，便是選擇了混亂而不是音樂。

你沒有藉口讓自己繼續處在「不做所愛的事」和「不愛所做的事」的狀態下。你有兩個簡單的選項：（1）改變你所做的事，去擁抱你所愛的事物；或者（2）改變對目前所做之事的感受，展現自己有多渴望以愛主宰生活。繼續忽視上述選擇，便是犧牲了自己大部分的人生，只為了滿足那不到百分之一的自己。

出生在這個世界上時，工作便伴隨著你而生。你是為了特別的工作而生的，你誕生的那一刻，心底就已存在著對這份工作的渴望。不管這一切是如何開始，或究竟是什麼讓你待在那個位

置，如果你因為選擇不喜歡的事而無法與那個使命有所連結，那麼傾聽偉大的黎巴嫩詩人紀伯倫的建議，能讓你受益匪淺。無論有何風險，你的人性、你的靈魂本身已經處於危險之中。

我知道不聽這個勸告有多麼容易。我們都可以找到許多實際又斬釘截鐵的理由，說明為什麼無法去做自己喜歡做的事，但詩人話中的訊息永遠不會沉默。「若沒有愛，所有工作皆是空。」如果想感到空虛，每天以實際之名犧牲靈魂的音樂而陷入不愛之中，那麼你便已選擇放棄了這一生的特定目的。

但如果你想在工作中感覺自己是「一支長笛，時間的竊竊私語透過其內在轉化成音樂」，那請你發自內心想想自己一開始為什麼工作。你的第一個答案很可能是賺錢，你認為自己一定要做學過或一直在做的事，才能讓金錢滾滾而來。我要請你挑戰這個結論，體認到這是文化制約主導下的結果。

建議你先做自己喜歡的事，也就是靈魂要你做的事，看看能否賺到錢。在古印度聖典《薄伽梵歌》中，神（黑天）告訴弟子（阿周那）：「不明智的人為了勞動的果實而工作，明智的人則將他們的勞動的結果歸於我。」這段話要傳達的是，做自己享受、熱愛的工作，讓宇宙去顧慮其他細節就好了。要打從心底明白，選自己所愛、愛自己所選，遠比喜歡勞動所生產的報酬或補償更加重要。

請聽取紀伯倫的忠告，並思考他話中隱含的喜悅和趣味。你

是一支長笛，而工作化為了有形的愛。工作與玩樂之間的界限愈模糊，代表你愈能聽進詩人的忠告。

我自己的工作和娛樂是沒有分界的，我幾乎不知道要怎麼區分。我做的事是追尋自己的願景，讓別人來定義我是在工作或在玩。我寫作的時候覺得很開心，因為我在做自己喜愛的事。究竟那是工作或是娛樂，我無法簡單劃分。演講、打網球或與孩子們玩在一起時也是一樣，我經常像同時在工作，也在玩樂。

確實，工作是有形的愛。我無法提供比紀伯倫更好的建議。做自己所愛的，愛自己所做的。這是你現在就可以開始做的選擇，請嘗試以下這些建議：

- 有意識地停止挑剔自己平常的工作哪裡不好，練習感謝有工作的機會。將愛分送給每個遇見的人，並努力成為帶來喜悅的人，無論別人如何看待。
- 不要管年齡或輩分，冒險做出一個重大改變。確定自己人生中最享受的是什麼，無論是跳舞、園藝、寫作或填字遊戲。接著擬一個計畫，持續這項工作／娛樂一到兩個禮拜。不久你就能克服那些說你必須工作、而做這又累又無聊的工作是為了繳帳單的「文化制約」，轉而採取紀伯倫的建議：「工作是有形的愛。」
- 決定做自己所愛的事，並愛自己所選的事時，請拋下對未

來災難的擔憂。專注在自己的目標及投入的喜悅上，拒絕其他思緒干擾你的願景。記得，對自己所做的事感受到「愛」，是一種思維。

- 當你在工作上有所啟發，一切便會水到渠成。你不會聚焦於缺錢、疲倦或餓肚子的事。僅僅是受到啟發，便能讓你所需要的一切在對的時候出現，彷彿神就在身邊引領著你。「啟發」一詞源於「in-spirit（內在精神）」，而確實，人受到啟發時，會像獲得福佑般，與內在精神共同奮鬥。

- 可以把工作想成是人生中的日常事務。練習在每個所謂的日常事務中以「愛」來思考。在你打掃、鋪床、購物、撿筆等的無時無刻，意識到你那無形的百分之九十九——精神、人生與靈魂。關愛每個身體勞動的時刻，便是透過勞動熱愛生活的美好且實際的方式。

〈啟發〉

〈若〉

若能冷靜自持，即使

人心倉皇失措，動輒得咎；

若能堅定自信，即使

舉世存疑，也能諒解他人猜疑；

若能等待而不厭倦，

或不以謊言報復謊言，

或不因被憎恨而生憎恨之心，

然而無須清高，也無須談吐過於智慧；

若能有夢——而不為白日夢之奴；

若能思考——而不為思想灌輸，

若能面對勝利和慘敗，

並平心以待這兩個騙徒；

若能泰然聽見自己講的真理

受惡人扭曲，使愚人落入陷阱；

或見到自己曾以命相守之物破碎，

仍能彎身以陳舊工具修補；

若將贏來的金山銀山孤注一擲

冒一次風險豪賭一把，

卻輸得精光，仍能從頭再起，

並絕口不提慘痛失利；

若能迫使你的心、精神和力量，

在枯竭時仍為自己所用，

因此一無所有時奮力堅持，

以僅有的意志告訴它們：「堅持！」

若能與群眾對話而仍保有本真，

或者與帝王同行──而仍能平易近人，

若敵人或摯友都無法傷害你，

若眾人與你同行，卻未有人越界半分；

若你願用六十秒的奔跑

取代不願寬恕的那分鐘，

這世間萬物將屬於你，

並且──更重要的是──我的兒子，你將是真正的人！

──魯德亞德‧吉卜林（Rudyard Kipling，西元一八六五年至一九三六年）

吉卜林生於印度，父母皆為英國人。他是位成功的小說家、詩人及短篇故事作者。他住在佛蒙特州的五年出版了《叢林奇譚》（*The Jungle Book*）和《怒海餘生》（*Captains Courageous*），在美國的知名度僅次於馬克‧吐溫（Mark Twain）。

吉卜林這首常被引用的詩一直是我非常喜愛的詩。讀詩的時候，我會想像自己八個孩子的其中一個坐在我膝上，敞開渴求知識的心，聽我講述時代的智慧。在這個孩子認真聽我講宇宙祕密的想像畫面中，彷彿我才是那個用一生掙扎來挖掘那些祕密的啟蒙老師，現在將我身為父親的智慧傳承給下一代，而他們會用這些知識來改變他們的世界。幻想結束！

　　每每讀到吉卜林這首〈若〉，確實會讓我有這樣的想像，但這純粹是我的幻想。我在吉卜林給兒子的這首詩中，發現許多忠告蘊含著真理，但說實話，我還在努力把這些忠告應用在自己的每日生活中。一九〇七年的文學諾貝爾獎得主吉卜林這首名詩讓我們每個人獲益良多。這四節詩的崇高境界啟發了我，每當我閱讀或分享給孩子、學生和聽眾，就會希望自己變成更好的人。我將〈若〉收進這本書，是因為我也希望與讀者分享。也就是說，我希望你也能受到啟發，進而不僅能幫助別人改善生活品質，也能使自己成為更好的人。

　　這首詩裡的訊息多不勝數。讓我來細數這首詩的忠告對我有什麼啟發。

　　我受到的啟發是，當我不願融入周圍的瘋狂之中，不管別人怎麼想，我都應自我引導，讓自己保持平衡和正直。「做自己」這個建議不僅在這裡提到，在本書許多節選中也有提及。當我能夠做自己，也不去批判周圍的人，這是很令我振奮的。我希望自

己的孩子和任何可能將我當成老師的人在面對所有情況時，能培養他們自己的正直和平衡。

當我能用曾遇過的虛偽來提醒自己有多麼不喜歡虛偽，便是有所啟發。在很年輕的時候，我常把別人的虛偽當成自己的出發點。如果有人對我說謊，我便能在某個時候對他們以牙還牙，即使我並不喜歡這樣。我不喜歡老是被騙，但當我努力不去做連自己都討厭的事，我的感覺好多了。

當我失敗卻不氣餒灰心，便是有所啟發。我沒辦法總是如此，即便現在也做不到，但已經好得多了。我一如既往地熱愛行動和比賽，但現在比賽結束時，我可以平靜退場。我心裡明白，真正的我是不執著於結果的。「參與」這個行為意味著有時會贏，有時會輸，而「結果」是騙子，它冒充真正的你。我希望孩子們知道，勝利不代表他們，失敗也不代表他們。

對於自己的書，讀到糟糕的評論和讀到精彩評論的感受一樣，便是有所啟發。相信我，我並非總是能做到。我問過經紀人：「我在暢銷書排行榜上是第幾名？」現在我知道「我自己」和「我的書」不同，所以我不再這麼問了。即便要問，我現在會問：「我的書在暢銷書排行榜上是第幾名？」知道差異的確會使一切變得不同。我現在知道，我做的事並不代表我自己。我現在明白，我認同的是那永恆無形的靈魂，它看著我所做的事，知道得失不過是「真我」的影子。我希望孩子和學生們能明白這樣的自由。

當我可以根據自己的感受來做決定，而不是以事情將有何種結果來做決定，便是有所啟發。在那些時候，我能拒絕有利可圖的電視節目主持人位置，選擇帶來正面影響的慈善演講，不僅不擔心，也不覺得需要跟任何人提；還有我匿名慷慨解囊時也是如此。

當我能停止用外表、成就和收穫來判斷，且真正能在人的身上看見上帝，便是有所啟發。用二元極端來將人分類很容易，但我告訴孩子們永遠不要失去他們的共情能力。我們家很有福氣，買得起東西。當我看到他們分享這些祝福，不因為有能力買東西而認為自己比其他人更有價值，我感到非常自豪。

當看到自己發自內心地生活，且愈來愈不需要證明自己的價值，便是得到啟發。能夠整天讀詩，然後寫下感悟，而不是從事更有經濟回報的活動時，便是有所啟發。當我發現即使知道自己說的話完全正確，也能不再強迫別人認同，我便是受到了啟發。

我希望孩子們和學生們明白，追隨自己命運和追求自己的英雄使命有多快樂、多滿足，即便他們周圍的人，包括我在內，更喜歡另一個選擇。

吉卜林在他的詩〈若〉中將這些特質描繪得如此出色，讓我明白了結論的真正意義。如果能做到這些，你也會感到受啟發，並體會到「這世間萬物將屬於你，並且──更重要的是──我的兒子，你將是真正的人！」他以這種方式告訴兒子，成熟是做自

己而不評判他人。以這些方式長大成人，你將擁有想要的一切。

要讓這首經典的詩融入你今日的生活中，以下是一個簡單的建議：

- 抄下這首詩，讀給自己和那些你想幫助他們在情感和精神上成熟的人聽。所有的道理都在這首詩裡。也就是說，要保持清醒、相信自己、誠實、做個夢想家、超然、勇於冒險、獨立、謙卑、有同情心，寬容，都在這首經典的詩裡。你現在可能會有的問題，將要以「若……」來開頭。

〈靈魂之愛〉

〈當你老了〉

當你老了，灰髮且睏倦，

爐火旁打盹，取下書卷，

緩緩品讀，追憶青春眼眸，

曾有的動人深邃；

多少人曾愛你的歡欣洋溢，

愛慕你的美貌，無論是膚淺或真心；

但有個人愛你誠善的靈魂，

愛你面容變換時的哀愁。

彎身光影搖曳的爐火旁，

喃喃低語，暗自感傷，

緬懷愛已飛逝，緩步頂上群山間，

於繁星中藏起臉龐。

〈致安妮·格萊葛瑞〉

「絕沒有一個被你

耳邊那些華美的

金色堡壘般的捲髮

吸引的年輕人，

愛的純粹是你

而不是你的金黃髮絲。」

「但我可以用染料

將髮絲染上各種色彩，

棕色、黑色和紅色，

那麼深受吸引的小夥子

就可能純粹地愛我

而不為我的金黃髮絲。」

「我聽一位虔誠的長者

昨晚才聲稱，

他發現一段經文可證明，

親愛的，唯有上帝

才可能純粹地愛你

而不為你的金黃髮絲。」

——威廉・巴特勒・葉慈（William Butler Yeats，西元一八六五年至一九三九年）

愛爾蘭詩人兼劇作家葉慈，咸認是二十世紀最偉大的詩人之一。

葉慈是一位令人著迷的夢想家，他透過神祕主義追尋智慧及人類情誼，並書寫超越物質世界環境的靈魂吶喊。他無庸置疑是

重要的現代詩人，也是著名的劇作家。一九二二年，愛爾蘭成為獨立國家時，葉慈成為愛爾蘭國會參議員，並於一九二三年獲得諾貝爾文學獎。他對超自然奧祕、魔法，以及將世界帶往善惡戰場的險惡力量非常著迷，於二戰爆發後不久去世。

除了書寫愛爾蘭，葉慈也傳達了超越關注形體之美的思維。他愛上聰慧的愛爾蘭美女革命家茉德·岡昂（Maud Gonne），而岡昂將所有熱血傾注於愛爾蘭。她拒絕了葉慈的告白與求婚，有趣的是，後來岡昂的女兒也拒絕了他的求婚。他有許多愛人，但直到五十二歲都未曾結婚。

這兩首詩展現出他超脫了肉體吸引力，擁抱愛的詩意方式。一九〇七年，葉慈與安妮·格萊葛瑞（Anne Gregory）一起到義大利旅遊，格萊葛瑞是一位美麗的金髮女郎。他對她說：「親愛的，唯有上帝才可能純粹地愛你　而不為你的金黃髮絲。」同樣的主旨也出現在〈當你老了〉一詩中：「多少人曾愛你的歡欣洋溢，愛慕你的美貌，無論是膚淺或真心；但有個人愛你誠善的靈魂，愛你面容變換時的哀愁。」他藉此對你我訴說真愛的試煉與外表無關，以及「雖然我欣賞你外在的美，但我希望你如上帝愛你一樣地愛自己，並純為自己而愛。」

我在一九六〇年代讀博士時最難忘的時刻是在進階心理諮商課的課堂上，那是大學裡最受敬重的教授開的課。我與其他十一位學生要研讀自我實現的相關研究和結論，包含高效人士的特定

特質。這些卓越的人都被稱為「自我實現者」，其中有些是歷史人物。這堂進階研究課程的目的是為了教我們辨識這些特質，並幫助他人擁抱這些特質，活出更精彩、更有熱忱的人生。

「自我實現者」的特質包含能欣賞美、有目標、拒絕受社會文化影響、迎接未知、高度熱忱、不隨俗、不執著結果、不受他人高見影響、不會想控制他人。我們假設自己是治療師，每週討論各種策略來鼓勵客戶實現自我。課上到學期中，我們鼎鼎大名的教授出了個期中考題，題目只有一個：

「一位自我實現者到達一場晚宴會場時，發現大家都穿著正式服裝，只有他穿著牛仔褲、T恤、拖鞋，戴著棒球帽。他會怎麼做？你有三十分鐘寫下答案。」我們十二個人在這三十分鐘裡振筆疾書，接著老師要我們每個人把答案大聲唸出來。我記得自己的某些回答是：他對那些外在的東西並不在意；他不會離開，也不會找藉口解釋；他泰然自若；他繼續享受聚會，不擔心別人怎麼看他。我記得當時覺得自己的答案寫得真好，因為是從想達到的目標和更高使命的角度出發。

當我們所有人唸完答案，教授說：「很抱歉，你們的期中考全都不通過。你們只需要寫六個字。」接著他將六個字寫在黑板上：「他不會注意到。」

自我實現者的最高境界便是不會去注意外表，只會去看每個遇見的人身上的上帝。這便是葉慈在這兩首詩中所描述的「愛」。

這是多麼大的挑戰啊！去超越用眼睛看到的東西，並感受對靈魂的真情實感，而不是外表。在一個被廣告轟炸的社會中，這個挑戰尤其大，因為我們看到的廣告幾乎都是改善外表的產品！在這種心態下，我們必須要隱藏皺紋，或者最好做醫美手術；白髮要偽裝；所有自然老化的跡象都要遮掩起來。

　　葉慈要求我們超越廣告傳達的訊息，以上帝的方式去愛，這樣的愛與外表無關，也不會執著於膚淺的特徵。過去我們都有這種能力，曾經有一段時間我們不會在意皮膚的顏色或玩伴眼睛的形狀。但當我們經過文化制約後，便開始看重皮囊的外觀，而不是其中的靈魂。

　　在我讀過的詩中，最鏗鏘有力的四行詩句，出現在我最喜歡的一首葉慈的詩中，即〈航向拜占庭〉：

一個老人不過是一件廢物，
一件破衣掛在木杖上，除非
靈魂拍掌而歌，愈歌愈激楚，
為了塵衣的每一片破碎。[1]

　　做為物質生命，我們最終都將成為「一件破衣掛在木杖上」。如果我們只愛自己用感官觀察到的東西，那確實都是廢物。但當

1　譯註：取自余光中譯本。

靈魂拍手唱歌，衰老就變得不重要了。葉慈要你先超越表面，然後，當這成為自我實現的存在方式，去達到你以前未曾注意的地方。注意所愛之人的靈魂，這麼做的時候，幫自己一個忙，讓自己的靈魂鼓掌並接受自己的掌聲。像上帝一樣愛自己，並純為自己而愛。

以下是將這種愛融入生活的建議：

- 開始將自己視為有軀殼的靈魂，而不是一個有靈魂的身體。將衰老的徵兆當作功績勳章，並試著超越它們，檢視自己從未衰老和永遠不會老的部分。

- 忽略不斷轟炸你的廣告——它讓你的意識每天都在鼓勵你維持青春，僅用外表來判斷自己和他人。請為自己感到驕傲，不是因為你的外表，而是為你的性格內涵。經常重複電影《一籠傻鳥》（*La Cage aux Folles*）中的那句名言：「我就是我。」

- 與他人相遇時，請先去看上帝在這些人身上如何展現，並制止自己被養成出來談論膚淺表面特徵的欲望。只憑內在美評價別人，不要參與著重外表的八卦。

- 當告訴所愛之人自己的感受時，強調你很愛他們的地方，而不是他們看起來的樣子。與他們永恆的靈魂交談，而不是與停放靈魂的車庫交談。

〈高我〉

我獨自去赴幽會。但這暗寂中的我是誰？

我躲到一旁避開他，但我無法逃脫。

他昂首闊步，使地上塵土飛揚；

我說出的每一個字，都有他的喊叫。

他是我的小我，我的主，他恬不知恥；

但與他一起來到祢門前，我感到羞愧。

——羅賓德拉納特・泰戈爾（Rabindranath Tagore，西元一八六一年
至一九四一年）

泰戈爾為現代印度的領袖人物、神祕主義者和畫家，曾
獲諾貝爾文學獎。他的作品是經典之作，以抒情美感和
動人精神聞名。

　　我們每個人的內心都住著兩個人。第一個人我稱為「小我」。
「小我」希望自己是正確的，也相信自己與其他人彼此分離，與
其他人是競爭關係。他覺得他存在的價值在於過得比其他人好。
因此，他不僅會努力擁有更多東西，還會努力擁有更昂貴的東
西。他在擊敗別人時感覺最好，他以贏過所有人來衡量自己身而
為人的價值，因此迫切渴望勝利。如果他是第一，那他的夢想便

成真了。能進入前百分之十也不錯，但一定要凌駕半數人之上。

「小我」不僅喜歡贏，也非常需要贏，因此總是處於奮鬥狀態。他沉迷於自己的成就，經常計算自己的獎項、獎勵和榮譽勳章。「小我」可以擁有最好的車、最華麗的衣服、最精緻的食物、最先進的藥物、最淫蕩的性和各式各樣的快樂。當這些都陳舊成為過去時，就會出現全新的需求清單。小我不可能滿足，因為只要有人，他便必須打敗，或者有東西就要買來和擁有，這樣他才能成為贏家。他很努力，但從未抵達彼岸。

住在我們內心的第二個人，我稱為「精神」。他對「小我」幻想的任何東西都不感興趣。他不在乎得到什麼，也沒有興趣比誰更好，更不用說戰勝別人了。事實上，他甚至從未將自己與任何人比較。他似乎只想要一件事，而且一心一意希望達成這個願望。「精神」忽略他無所不在的雙胞胎「小我」的所有需求，只渴望平靜。是的，「精神」就是對平靜的渴望。

比賽的時候，他會比賽，但從不覺得有必要去贏過其他參加比賽的人。談到財產，「精神」確實很享受它們，但似乎從未被財富操縱，還很可能會放棄財富。「小我」追求更多和更好，而「精神」始終追求同樣的事物：平靜。「精神」將這種平靜帶給他人，且無時無刻宣揚這種平靜，即便是在混沌之中。

就這樣，「小我」和「精神」是我們不變的兩個內在伴侶。問題不在於如何除去一個、支持另一個，而是如何克制那個使我

們始終騷動不已、無法平靜的部分。我們要怎麼從奮力競爭轉而追求精神彼岸？我每天總會問自己這個問題好幾次。讓事情如此運作的是哪個我？事實上，我寫了一整本書來探討這個問題，也許是為了幫助自己了解，我是如何在生活中給予「小我」力量。我稱這個力量為「**神聖自我**」（Your Sacred Self），而泰戈爾在本章開頭與克里希納（上帝）的著名對話講的便是「神聖自我」。

我們如何才能馴服認為自己與他人彼此分離，得去征服、獲勝、為了感覺良好而汲汲營營的那一部分自己？泰戈爾和魯米等著名詩人的思想不僅是本書借鑒的對象，對我的日常生活也有重大影響，使我創造出了以下我每日早晨展開一天的祈禱文：

親愛的神啊，我的「小我」要求多、強勢並執著於對錯，且總是想要更多，從不滿足。我的「神聖自我」則希望能平靜、不競爭、不評判，且從不提出強勢要求。請為兩者傳遞訊息吧！

泰戈爾在與上帝對話中也是如此，他想知道「這暗寂中的我是誰？」他似乎無法逃脫；這個生活中大搖大擺的是誰？這人說的每一個字都很自負，恬不知恥。但他也意識到，通往最高境界的入口，被這個無恥的「小我」擋住了。這位詩人因其最偉大的一部詩集而於一九一三年獲得諾貝爾文學獎，但卻對這個殊榮沒有什麼感覺。他一生都在書寫如何擺脫對這些獎項的認同。

泰戈爾敏感細膩的詩歌和這首特別的作品，給了我們每個人很有價值的提醒，提醒我們克制「小我」並傾聽那個召喚我們走向平靜的「精神」的益處。如果忽視「精神」，不去看「小我」在這塵世所要背負的責任，「塵土飛揚」的混亂便會堵塞生命的毛孔。泰戈爾一生展現的靜默尊嚴和平靜面容，皆反映在他美好質樸的詩中。

以下是將泰戈爾詩中的智慧應用到日常生活的一些建議：

* 在與任何人應答之前，先傾聽自己的心聲，看看今天能不能馴服「小我」一次。說話之前，問問自己：「我要說的話是為了證明別人有錯、我自己很特別嗎？說了之後會製造更多混亂還是平靜？」然後做出善良有愛的決定。留意你的「小我」如何反應，讓它在一天中有一兩次沒那麼重要，直到成為習慣，化為一種新的生活方式為止。
* 注意談話中使用「我」的頻率，看看是否可以每天有幾次用「你」開頭。甩脫吹噓和想吹噓的欲望，轉而為他人的成就鼓掌。
* 不要對自己累積的事物那麼執著，練習放下。讓自己多為別人奉獻，例如把東西送人便是一個很好的方法，可以馴化對物品的執著，克制「小我」並讓「精神」擁有想要的平靜。

- 與你的「小我」對話，我在每日的祈禱中便是如此，與你的「高我」說話。以下是雪莉·羅斯·蔻博（Shirley Ross Korber）在讀完《神聖自我》（*Your Sacred Self*，暫譯）後寫給我的一封信，做為放下「小我」的例子：

寫日記是我十三年來每天都要做的事。今早我在日記裡寫了封信給我的「小我」，如下：

「親愛的『小我』，你應該注意到我們有新領袖了。你若能保持沉默，歡迎你留下來。而我（我的『神聖自我』）將主宰自己的人生和事業。我已經帶來了宇宙最好的顧問──上帝。上帝會和我一起重組我的人生和事業，再也不會讓你干涉我的決定。我不討厭你，但讓你影響我的決定，對我和我的事業來說並不是最好的選擇。」

〈默默耕耘〉

多數的力量是

膽小者的喜悅。

果敢者獨自奮鬥

得其精神榮耀。

——聖雄甘地（Mahatma Gandhi，西元一八六九年至一九四八年）

甘地人稱聖雄（Mahatma），代表「偉大靈魂」之意。甘地提倡以非暴力為印度人爭取獨立和公民權利。

　　甘地的這段話，部分揭示了在生活中讓渴望實現的祕密，以及量子物理學的奧祕。當我們知道自己能將個人經驗的宇宙劃分為有形和無形，或物質和精神時，這一點就更清楚了。「有形世界」是我們的感官體驗，說到渴望擁有的事物時，我們最感興趣的正是這個世界。

　　但「**事物**」從何而來？這個所謂的「現實」是如何顯現的？量子物理學家在尋找這個問題的答案。而我認為，第一位量子物理學家不是波耳或愛因斯坦，而是《新約聖經》的作者之一聖保羅。用聖保羅的話來說：「所看見的，並不是來自所顯露的。」

在我看來，聖保羅準確陳述了當代量子物理學家的結論：**粒子本身並不對自己創造的事物負責**。量子力學討論的是最微小層面的事物（物質世界），同時尋找物理世界的源頭。結論是，「有形世界」來自於「無形世界」。那麼這一切與甘地所說的孤軍奮鬥的精神勇者有什麼關係呢？請繼續讀下去。

我們這個現實分為「小我」和「精神」兩個面向。「小我」經常被描述為代表著「塵世限定」（*Earth Guide Only*），因為你無法從「小我」的面向創造或顯化什麼；「無形世界」則稱為「精神」。粒子（物質本身）不對創造出的東西負責。為了讓夢想顯化，你必須擺脫「小我」。「小我」不過是你隨身帶著的一種概念，認為你與他人彼此分離、要與他人競爭，而你也與上帝（或你的來源）是分離的。只要你相信自己與他人、與自己的源頭是分開的，便會失去源頭的力量。當你重新與源頭連繫，或有意識地與無形世界（精神）接觸，你便會重新獲得源頭的力量。這表示你會重新獲得顯化、療癒、吸引想要的人事物的力量。然而，即便重新與源頭相連，「小我」仍想參與其中。

當你開始告訴別人你想要什麼，以及你將如何創造自己命定人生的那一刻，你便邀來了「小我」。當你開始向人解釋那感覺是天翻地覆的想法時，你會被迫為自己辯護。接著你便會覺得有必要爭辯這個想法符不符合別人的觀感。最令人喪氣的是，你與人分享夢想時，會被迫聽那些人的邏輯，他們會告訴你要「現實

一點」，看看自己周圍的生活環境。

一旦「小我」也在其中，你就失去了創造命運的能力，而那是你心之所嚮的命運。因此，分享最內心的渴望時，你是在尋求眾人同意，而甘地說這是「膽小者的喜悅」。毫無疑問地，膽小的人無法實現自己的夢想，他們會加入不滿足的行列。

如果你能為了你所知的自身命運孤軍奮戰，不管別人怎麼說，你便是「果敢者獨自奮鬥／得其精神榮耀」的人。「精神」是你所見、所目睹、所觀察到的一切之源頭，你可以藉由避免「小我」的影響來與源頭重建聯繫。這表示要將夢想留在自己心裡，只與上帝，或你稱為物質世界之一切的無形源頭分享。請重新找到那個源頭，並重新獲得那源頭的所有力量；若邀來了「小我」，你便只能與源頭分離。

年輕的時候，我很想要經濟獨立。我將自己的「計畫」與家人和朋友分享，但每次講到要先把五分之一的所得存下來時，我還沒拿出任何一分錢，便會聽到各種反對聲浪。我記得有人說：「你這樣很不切實際，你要繳稅、付帳單、照顧家人，要存下薪水的兩成根本不可能。」我捍衛我的計畫，解釋儲蓄複利可以在十五年內達到免繳稅的利息。但我會被一些「專家」勸退，他們的專長正是「貧窮」。此後我學會了把嘴巴閉上，默默耕耘。我發現愈少把願景告訴別人，就能愈快達到目標。

藉由將夢想移出我的「小我」狀態，默默耕耘，我達到了內

心所想的經濟獨立的生活。甘地的話讓我想起自己早年的人生，這些話在今日世界也是簡潔有力的提醒。不要去追求讓多數人認同你的夢想，而是做一個英勇果敢的靈魂，相信自己內在的引導。另一個說法比較白話，但也同樣發人深省：「跟著群眾走，最後你只能踩著他們留下的東西。」

要將甘地的話付諸實踐，我有以下建議：

- 想找人來認同你的夢想之前，請停下來提醒自己，一旦「小我」介入，你便會失去創造你想要東西的「精神」和科學手段。

- 要滿足自己想把計畫說出來的渴求，寫日記吧，寫下你希望在人生中實現什麼。至少日記不會拿出各種理由來質疑你的夢想。

- 請務必記得，創造的過程是從無形到有形，從精神到物質。要從內心深處相信自己能有意識地與無形世界連結。**「知道上帝」**和**「了解上帝」**的差異便在於這層意識連結。

〈自我形象〉

人生真正的喜悅在於：能將生命用於自己認定的偉大目標。成為自然的力量，而非衝動、自利的小人物，不自哀自憐，埋怨世界沒有努力讓自己快樂。我認為我的生命屬於整個社會，只要活著，為它做任何我能做的事都是榮幸之至。

我希望死的時候能夠發揮殆盡——因為我愈努力，就愈是活著。我為生活感到開心。生活對我來說不是「小蠟燭」；而是一種我在當下握著的絢麗火炬，在傳給後代之前，我想令它燃燒得愈亮愈好。

——蕭伯納（George Bernard Shaw，西元一八五六年至一九五〇年）

蕭伯納為愛爾蘭劇作家、批評家及社會改革人士，他以戲劇和散文傳遞他的理論和理想，包括其政治和經濟社會理論、全新的創造進化論、反活體解剖、素食主義和拼字改革。

蕭伯納直到九十歲都還在工作，是一位對各類主題均有涉獵的優秀劇作家、文學評論家、講師、音樂評論家、戲劇評論家及

散文家。他於一九二五年因《聖女貞德》（*Saint Joan*）一劇獲得諾貝爾文學獎，但他拒絕接受此獎。他最為人所知的是《凡人與超人》（*Man and Superman*），當然還有後來改編為電影《窈窕淑女》（*My Fair Lady*）的《賣花女》（*Pygamalion*）。上面這段引文完美地反映了蕭伯納這位十七世紀以來最有影響力的愛爾蘭劇作家的人生觀。

蕭伯納離世時我才十歲，記得當時還讀到他過世的消息。他的人生哲學總是很吸引我。在這段話裡，他提倡要活得有目的，為自己認定的「偉大」目標奮鬥。這個認為我們生來皆有目的的想法與我們的自我形象直接連結。有人會渴望成為他所描述的「衝動、自利的小人物，自哀自憐，抱怨世界沒有努力讓自己快樂」嗎？也許沒有，但我們不都會看到符合這樣描述的人嗎？

成為自然的力量且享受生活的人是充滿活力的實作者，他們生活的每一天都很活躍，懶得費心理睬批評者和埋怨者。他們不是只為了保持忙碌而活躍，而是開心享受生活中的活動。他們沒有時間或興趣去聽他人發牢騷，也不會把心思放在這樣的活動上。蕭伯納要我們放下自怨自艾，投入人生真正的快樂中，也就是感覺自己將生命用於某個目標。

在這段話中，這位充滿活力且風趣機智的哲學家表達了他對生活的巨大熱情，並鼓勵我們對所有人事物都抱持這樣的態度。蕭伯納說，改變你看待生活的方式，才能擺脫抱怨、無病呻吟和

消極被動。他要我們品味生活的樂趣，不是為了獲得結果和回報，而是純粹為了享受生活本身。這個活得精采的人便是最好的例子，他建議我們擺脫被動和找藉口來獲得快樂。取而代之的是，帶著喜悅的心，明白自己的生命對遇見的每一個人和你做的每一件事都有其自然的目的。如何做到這一點？

我的方式是讓自己離開某些人的能量場，那些人違反了蕭伯納所寫的原則。當我開始聽到委屈、抱怨和挖苦牢騷時，便會刻意而安靜地盡快離開那個空間。一般來說，我不會做或說出拒絕的話，只是會拒絕讓自己的周圍環境中有那種能量。我還發現，有些話說得愈少，就愈沒必要抱怨。約莫二十年前，我決定不要再說這些句子：「我很累」「我覺得不舒服」或「我快感冒了」。這是我讀過蕭伯納這段話之後有意做的選擇，我也曾在早期作品分享了其中一小段。藉由不使用這些句子，我強迫自己重新思考我對疲勞和疾病的心態。我發現，僅是消除口頭上的怨言，我的生活通常就不再有這些小病痛。

當我遇到別人跟我說他們多累，或覺得自己快感冒了，我通常會說：「不要有很累的想法」或「別想著『感冒』」。我經常會得到一個困惑的表情，但我已經把訊息傳遞出去了，也讓他們知道我不想參與他們的抱怨和自怨自艾。

如果你願意接受這個建議，把蕭伯納的這段話放在心裡，那就真的能改變自己的心態。如果你每天都覺得自己做著偉大的

事，不自大、不埋怨，而是將生活看成一把燦爛的火炬，點亮人生壯麗旖旎的光，那你便會知道蕭伯納所說的「人生真正的喜悅」。我很喜歡「希望死的時候能夠發揮殆盡」這個想法，對我來說，這表示不要有停滯不前的想法，或遠離自己的豪壯任務；也代表絕對不要投入那些認為我們並非自然力、來到這裡也沒有目標可言的想法和行為。辨識出使我們無法求知和前進的內在想法，接著一步一步推翻它們。這代表你不會到了死前還譜不出自己的音樂！

你可能會覺得這個建議是給像蕭伯納這樣的天才的，根本不能用在你身上，因為你就是個自利衝動的小人物。這個心態展現出你為自己選擇的形象，而重點就在於，你也可以選擇改變那個自我形象。要記得，自我形象來自自己，不是任何人的責任，純粹是你的責任。

從我年少時第一次讀到這些字句，人生便一直受其引領。如果希望人生有所改變，試著用不同於「衝動、自私的小人物」的方式來生活：

- 將不希望在人生中顯化的東西從字彙中移除，注意自己是否提到病痛、疲倦或恐懼，如果有，立刻保持沉默，不要讓自我預言實現。
- 盡量讓自己遠離那些一直將怨言牢騷加諸在你身上的人。

- 從事新的興趣或計畫，為生活增添活力，並讓生活保持喜悅。對於那些反映出自我形象欠佳的不好習慣，請不要持續下去。要消除自我貶低的標籤或評論，私下讓那些為你貼標籤的人知道，你再也不想被用這樣的方式對待。

- 做一個實作者，而不要批評、抱怨或總是找藉口解釋。用所作所為來為自己代言，養成習慣不再樂於容忍笨蛋。

- 忽略批評的聲音。愛因斯坦與蕭伯納生於同時代，我最喜歡他說的一句話就掛在我辦公室的牆上：「偉大的靈魂總會遭受平庸之輩的劇烈反對。」你是偉大的靈魂，請活出你的偉大。

〈苦難〉

摘自《尤迦南達格言》

人會錯誤地將自己認同為偽靈魂或小我。當他將自我認同轉移到他真實的存有，也就是不朽的靈魂時，他會發現所有的痛苦都是不真實的。他甚至無法想像受苦的狀態。

——帕拉宏撒‧尤迦南達（Paramahansa Yogananda，西元一八九三年至一九五二年）

尤迦南達出生於一個虔誠、富裕的孟加拉家庭，一九一五年畢業於加爾各答大學，並於一九二〇年在洛杉磯創辦「悟真會」，旨在提供一種精神探索科學，以實現自我和諧，成就更有同情心與和平的世界。他的《一個瑜伽行者的自傳》（*Autobiography of a Yogi*）向數百萬人介紹了印度古老的瑜伽哲學及其歷史悠久的冥想傳統。

尤迦南達的神聖啟發——想像苦難不存在是可能的——對你來說似乎很不可思議。這段話來自一位我非常欽佩的人，我節錄這段話是為了鼓勵你以不同的方式看待苦難，而那樣的方式很可能會引領你以全新的視角看待人生。我邀請你放下某些根深柢固

的想法和尤迦南達所說的虛假身分。

在你真實存有的本質裡——尤迦南達稱之為「不朽的靈魂」中——痛苦並不真實。然而，我們生活在一個真實的世界裡，存在著絕對真實的問題，並承受著你真切感受到的痛苦。這個建議要我們將認同感轉移到一個甚至無法想像苦難的空間，似乎並不可行。

對我來說，答案便是成為「旁觀者」，如此便能放下對短暫事物的執著。我的一位偉大的上師尼薩加達塔·馬哈拉是這樣說的：「你不會受苦，只有你想像的自己會受苦。你不可能受苦。」他同樣提到了「真實存有」與你的小我／身體很不同。不要那麼執著地相信自己的苦難，而是成為生活的觀察者，這是非常棒的挑戰。

我們來看看最常見的苦難，這個叫做「疼痛」的東西。假設你處在某種疼痛中，例如嚴重頭痛，但又不想聽某些大師說什麼一切都是假的，或者這只是你的想像。且容我試一下，看看你是否能放下對那種疼痛的執念。如果你能在腦中旁觀那樣的疼痛，將你的認同感轉向為尤迦南達所說的「真實存有」，那會如何？

將注意力集中在痛點上，你便能感受到疼痛的位置、能夠描述其大小、顏色、形狀、以及所有你所見的特徵。如果專心觀察得夠久，你便能將腦中感受到的痛點轉移到其他地方。一旦你完成這個過程，你就擁有了新的覺知，能將疼痛轉移到你的頭之

外。這表示成為觀察者並使自己完全抽離疼痛感受，能使你受的苦減輕。有些人將這種活動稱為「心理控制」，但我將其視為讓自己不再與苦難有所連結的有力方式。

我們經歷的大部分苦難，除了直接的身體疼痛之外，都是因為我們過於自負的結果。我在規畫怎麼描寫小我和苦難的主題時，想起自己與好友喬布拉（Deepak Chopra）的對話。我還在猶豫著要不要收入他在那段對話中告訴我的話時，電話響了，果然正是喬布拉打來的。我告訴他，十秒鐘前我才剛把他的名字寫在一張紙上，提醒自己去考慮他所說的「小我」和「苦難」，而我正打算打給他好好梳理一下。

他挖苦我說：「我跟你心有靈犀，所以才打來的。」當時他告訴我的是，一位佛教上師曾被問到，當他感到自己身處痛苦之中，有什麼是他會永遠記得和運用的。上師說：「只要記住這一點，你就不會再受苦了：五蘊皆空。」經常重複這四個字，尤其是感到悲傷痛苦時，便能消除小我的虛假身分。小我不過是妄自尊大。

喬布拉和我又聊了一會兒，他說：「既然你要寫結束苦難的能力，我建議你送讀者美國原住民奧吉布瓦族（Ojibway）的一句諺語。每當我被一些瑣碎小事弄得心煩，太過自大時，只要對自己重複這句話，精神痛苦便幾乎神奇地消失。」以下就是奧吉布瓦族經喬布拉，透過我，再傳遞給你的話：「在我自怨自艾的

同時，我的靈魂已被大風吹向天際。」

當感受到自己在受苦並沉浸在自以為是之中時，這是一個可以加以利用的美妙意象。你可以化身為旁觀者，觀察自己的苦難，從這個有利的角度來看，你可以選擇愛它，並將自己完全投入其中。你可以把它當作一份偉大的禮物，幫助你擺脫偽靈魂的認同危機，並專注於運用你的內在注意力和精力，以完全超然的角度看待悲傷。

這是結束所有苦難最具解脫力的方法。當你過著像尤迦南達的生活時，你才能說：「我甚至無法想像受苦的狀態。」我彷彿聽到了尤迦南達說，你應該學會在苦難中享受，因為一切都是上帝為了讓你更好而創造出來的。痛苦是信使，讓你記住上帝，記住自己的靈魂被吹向天際，雖然可能是無形的，但痛苦將不再是痛苦，苦難也不再是苦難，你將不再受身心束縛，而能消除面對悲傷苦難時的脆弱。

這不是什麼故弄玄虛的把戲，而是在此時此地看待自己所有執著、所有的「我」和「我的」、所有自大自負的方法，並重新視自己為不朽的存在。這真的有用，且你會發現，如尤迦南達信誓旦旦保證過的，所有的苦痛都不真實。

要將這個神聖的建議融入生活，請開始：

• 誠實評估讓自己悲傷或痛苦的來源是什麼，接著開始練習

對自己說：「所有苦難都來自我的內心，所以要停止責怪其他人事物。」

- 現在就努力察覺自己實際痛苦的狀態。如果只是心理的悲傷，注意它位在何處，從哪裡出現，怎麼表現出來，以及所有你能辨認出來的特徵。

- 發現自己處在自怨自艾的狀態時，試著對自己複誦奧吉布瓦族的諺語，很快你便能發現，比起對自我折磨的感受一無所知的不朽靈魂，這類感受委實不重要。

- 我經常這麼做，問自己：「我從這個經驗裡學到什麼？」一旦明白自己能從悲傷中學習，如同你也能從人生中所有失落和傷心事中學習，你便能立刻將悲傷轉化成喜悅之歌。

〈愛的能量〉

有一天，我們掌握了
風、浪、潮汐和地心引力之後，
便能為上帝駕馭
愛的能量。
接著，世界歷史上的第二次，
人類將發現火。

——德日進（Pierre Teilhard de Chardin，西元一八八一年至一九五五年）

德日進生於法國，為耶穌會神父、古生物學家、科學家
及哲學家，畢生最大貢獻為重新從進化論的角度詮釋基
督教。他將物質和精神視為同一個宇宙事物的兩個不同
面向，互不衝突違和。

德日進在這裡寫到一個道理，一旦我們都理解了，便會對人
類產生巨大的影響。他提到愛和能量相互關聯，指出「愛」蘊含
一種能團結人類的能量，因為僅僅是「愛」，便能藉由我們內心
最深處的東西，將全人類連在一起。想想這位傑出的哲學家與上
帝的聖徒觀察到的道理，意義有多重大。他認為，當我們學會馴

服風、浪、潮汐和地心引力的時刻到來，便能使它們服從在我們人類對能量永無止盡的需求之下。

請注意，所有上述能源都是無形力量的供給調和下的活動。沒有人見過風，我們觀察到的只是風帶來的結果。我們看著樹木沙沙作響，看著雨在空中打轉，感受到臉上的空氣，但看不見風本身。海浪、潮汐和地心引力也是如此。

我們看著海浪不斷拍打海岸，每天潮起潮落，但究竟是什麼造就這一切，仍不是我們所能探及的。我們看見東西從樹上掉落，但我們仍無法探知是什麼使東西落下，那對感官而言是個神祕謎團。現在想一想那實際上仍未開發的「愛」的潛能。我們看到的只是那能量的結果，沒有人知道那究竟是什麼、位於何處，但我們都知道，也都能感受到其帶來的結果。

在人類個體的每個細胞裡，都有極小的原子及次原子。當我們把一個分子中的一個原子的特定電子排列出來，便能創造出奧妙的能量。我不會裝做知道科學公式，但理論上，一個原子中有十億個電子。當我們以人工方式將它們同時排出來，一個接一個往下排，最終我們會達到化學家所說的「群聚效應」。理論上，我們可以排出三億七千五百萬個電子，其餘的六億兩千五百萬個電子則任其隨機移動。當我們將三億七千五百萬個電子排好，這個原子結構中便會生成一股力量，使剩餘的電子也自動排好。這一刻便稱為「相變」，即一個細胞、分子或原子或次原子粒子的

內在能量被啟動，創造出新的排序的現象。細胞內的這股能量便是德日進所說的「愛」。他這麼說：「愛是將這世上的元素連結融匯在一起的吸引力……」

現在想像自己是全人類身體中的一個細胞，這個身體裡有六十億個細胞。當我們每個人以某種方式對齊，便會達到「群聚效應」。「群聚效應」創造出來的這個能量場便是「愛」。如同微觀世界裡電子的物態變化，愛會在宏觀世界或我們所見的物質世界裡產出結果。德日進認為人類達到「群眾效應」並產生無形的「愛的力量」就像「發現火」一樣。這種群眾效應就從人類個體的對齊開始，而世界歷史上的精神領袖們所推動的就是這種對齊。

德日進在生前備受尊敬，但也默默無名。身為耶穌會神父，他無法公開發表某些想法，他所教的道理大部分都到他死後才出版。他的理念核心在於，心理和社會進化會將我們帶向精神合一。我們只需要「想像自己擁有愛的進化的能力，能擁抱全人類及地球……」他將愛的潛在能量稱為「宇宙合成器」。愛是一種賦予活力的靈丹妙藥，具有滋養和凝聚人類的力量，如同山頂洞人被第一堆火吸引一樣。如果你願意的話，想像一下類似的神奇狀態，以及發現火的力量後對我們生存的影響。

傷害一個人便是傷害我們每個人內在的神聖力量，了解這點，便能明白德日進所說的道理。這個「宇宙合成器」，愛，是我們所有人的一部分，就像每個電子共享一個原子內的力量一

樣。因此，我們有器量狹小的思想或行為時，就像是我們在阻止世界史上第二次發現火的物態變化。每一次仇恨或傷害他人的行為都是在阻止我們使用愛的能量。這聽起來可能太溫情可愛到很難達成，但相信我們都可以馴服自己的狹小器量，實現德日進的預測，使這種宇宙的「物態變化」成為我們的命運。

我想起《聖經》裡我最喜歡的一段話，是《哥林多前書》十三章開頭對於愛的著名描述：「我若能說萬人的方言及天使的話語，卻沒有愛，我就成了鳴的鑼、響的鈸一般。」優美的文字繼續敘說，若沒有愛，我們將一無所獲。它講述了愛的耐心與仁慈；沒有嫉妒、自誇、張狂、自私；以及愛不以邪惡為樂，而以真理為樂。最後以這段令人敬畏的話作結：「如今常存的有信，有望，有愛這三樣，其中最大的是愛。」

是的，比信仰和希望更重要的是培養愛的能力及意願。要如何培養愛？我們可以放下評判他人的衝動、拒絕對別人的錯誤或痛苦幸災樂禍；**在生活中**寬厚待人，而不僅是在教堂裡學習何謂寬厚；我們可以放下報復的欲望，以寬恕取而代之。只要做出選擇，我們就可以隨時隨地選擇去「愛」。愛的能量如此強大，能將宇宙中的每個細胞凝聚在一起。「愛」是將我們團結在一起的黏合劑。英國詩人白朗寧說沒有愛的世界是：「帶走了愛，我們的地球便是一座墳墓。」當缺乏愛的能量，你知道自己可以盡一份力，以愛來恢復生命能量。

現在便可以將德日進的名言運用到自己的生活中，以下建議教你怎麼運用愛的能量：

- 將自己視為「人類」這個整體中的一個細胞，這個整體可以激發「物態變化」的能量，使能量轉化為人類共有的愛。你確實能創造改變，每個愛的念頭及隨之採取的行動，都能讓我們進一步有了第二次發現火的機會。

- 第一時間察覺自己開始有評判、報復、憤怒和仇恨的念頭時，將其放下。簡單地告訴自己：「我不要這樣想，我不再允許自己這麼想。」

- 面對器量狹小而可恨的流言蜚語，從愛的立場予以回應：「我不想做任何評判」。與其批評人器量狹小，不如默默將愛散發出去。在聚會時，當那個以友善的方式為缺席者辯護的人。

- 如我們所做的那樣，將《哥林多前書》十三章裱框起來放在家中。每次沿著走廊到孩子們的臥室時，我都會看到它。它提醒了我，我能給他們及這個世界最好的禮物就是宇宙合成器——愛！

〈個性〉

〈小艾菲的頭〉
這是小艾菲的頭
大腦是薑餅做的
審判日來臨時
上帝會發現六塊薑餅屑

彎腰靠著棺材
等待什麼升起
如同其他事物一般——
可以想像上帝有多驚訝

祂穿透噪音咆哮
死去的艾菲在哪裡？
——一個微小的聲音對上帝說：
「或許」是我，第一塊薑餅屑說。

於是它的五個同伴
薑餅屑咯咯笑了，彷彿還活著
第二塊唱起這首歌，
「可能」是我，我沒做錯事

第三塊薑餅屑喊道，「應該」是我

「能」是小妹

「會」是大哥

不要懲罰我們，我們是乖孩子；

　　最後的薑餅屑帶著點愧疚

　　對上帝低聲說，我的名字

　　是「必須」，我和其他人

　　曾是死去的艾菲的一部分

　　　　我說想像一下

　　　　上帝在巨大的喧囂中

　　　　留心你的腳步並跟著我

　　　　俯身在小艾菲身邊

（要點亮火柴還是你看得見？）

　　　這六塊假設的薑餅屑

　　　像殘缺的拇指般顫抖；

　　　想像祂微微露出的大臉

　　　七彩臉龐上的眉頭皺著

　　　困惑，但我知道往哪兒走——

　　　（祂的眼睛緊張地允諾

　　　有福之人，而祂的耳塞滿

強烈的音樂

來自無數躍動的受詛咒靈魂）

——瘋狂地上下打量

我們正在審判之日

跨過門檻無所畏懼

將裹屍布撩起。

這是小艾菲的頭

他的腦是薑餅做的。

——愛德華‧艾斯特林‧卡明斯（edward estlin cummings，西元一八九四年至一九六二年）

卡明斯為美國詩人，為其時代中極具天賦的獨立詩人，他寫韻律詩，畫幽默人物肖像，並挖苦嘲諷那個時代的缺失和制度。

　　要充分欣賞卡明斯，就要先了解他詩中那種破壞偶像崇拜的極強的個人主義能量。他讀過愛默生強烈反對既有權威的論文〈依靠自我〉。他於一戰時至歐洲從軍，卻因為一名朋友是反戰的美國人而被自己的軍隊拘禁在集中營。法國審查員將他視為危險分子，因為他過於有自己的想法。他甚至在合法情況下，將自己的名字全部改為小寫，詩中也多半使用小寫，以及古怪的標點符

號和斷句。他花了三十六天遊歷俄羅斯，確定自己不喜歡集權主義，並進一步強化了自己已經很堅定的決心，認為保持個人立場及反對權威很重要，尤其是反對要求從眾的權威。

這首詩講的是上帝在審判日迎接艾菲的故事，一直是我特別喜歡的詩，直接說明了卡明斯的新英格蘭精神——異議和依靠自我的堅定信念。我喜歡上帝在棺材蓋前彎身沒見到艾菲時感到驚訝的畫面。她的腦袋不見了，被詩人用六個薑餅呆子取代，卡明斯稱之為六塊薑餅屑。這些薑餅碎屑是艾菲的大腦剩下的東西，卡明斯要我們所有人看看自己多常用這些從眾的碎屑來代替我們的獨特個性。

第一個薑餅屑的名字是「或許」（may），是「無數躍動的受詛咒靈魂」之一，卡明斯將這六個象徵稱為「腦死」。「或許」需要徵得他人的同意才行動，如「我可以得到你的祝福和縱容，讓我成為或做任何事嗎？」「或許」這個詞象徵著自我懷疑和想得到他人認可和權威肯定的傾向。卡明斯說，一直用這個詞就像用薑餅來代替大腦。

第二個薑餅屑的名字是「可能」（might），他的生活方式是「要是當初不那樣，那可能……」。「可能」也是「或許」的同義詞，用來問別人「是否允許我？」無論哪種情況，「或許」和「可能」象徵卑躬屈膝的行為，而詩人要我們強烈質疑這樣的行為，否則在審判日時便沒有東西能夠與上帝相見！

薑餅屑三、四、五是反映個人權力的空虛和匱乏的三種相互應和的生活方式。當我們提到過去行為時，會從一廂情願的角度說，早知道「應該……」（should）。我們採取了行動，但不是根據自己做了什麼來評估成果，而是根據當時「應該」做什麼。然而，在我們當前的現實中，你不可能早知道「應該」做什麼。一個計程車司機對我說：「這周天氣很好，但你應該上禮拜就來的。」我回他：「今天已經不可能上禮拜就『應該』來這裡了。」那些只用早知道「應該……」過生活的人，正過著一種空虛到不可思議的生活，耗費此刻的時間來想自己早知道「應該」要做或不該做的事。

　　妹妹「能」（could）和大哥「會」（would）是空虛的象徵，因為大腦的擁有者並不在當下。這三兄妹的生活方式是絕望，因為他們總是希望做什麼卻又猶豫不決。「如果我能，我就會去做」兩兄妹在同一句話中找藉口，卻沒有主動性和行動力。以問句使用兩者時，例如「這樣會是可以的嗎？」或「能允許我嗎？」它們就像薑餅，取代了清晰果斷的思緒，被用來解釋為什麼某事沒有做好時，這些詞也還是愚蠢無知的藉口。

　　最後一塊帶著羞愧的薑餅屑名叫「必須」，是最後一個空虛的象徵。這塊薑餅屑是用來說明你人生中所有必須履行的義務，也就是他人的要求和期望。「我必須這樣做，因為如果不這樣做，**他們**會失望。」「我必須按規定去做，不然會崩潰。」我的朋友兼

老師阿爾伯特・埃利斯（Albert Ellis）將這種衝動稱為「必須的衝動」。

這六個薑餅屑如此空洞，讓上帝在彎下腰等待靈魂升起時驚訝不已。我們比自己所能察覺到的更常為自己找藉口，比起掌控自己的生活，我們似乎更常尋求他人的允許與支配。當我們說：「可以嗎？」我們其實在說：「我不相信自己知道如何採取必要步驟，所以還是把生活交給別人比較妥當。」對卡明斯來說，這就跟無腦一樣，就算有也是腦死。但比起薑餅屑，上帝更需要有思考能力的人。

當我們討論早該做什麼、本來可以做什麼，或曾經可以做到什麼時，我們並不在現實中。沒有人回到當時能做出不同的選擇。事實如此！沒有人能早知道「應該」換個方式做，無論什麼情況，沒有人能改變過去的選擇。做了就是做了！就這樣。你可以從過去的所作所為學到經驗，但「我會」「我可以」「我應該」在這一刻顯然都已經是不可能的事。

使用這三種說話方式，就像用薑餅屑來代替自己思考一樣。

你不需要有「必須的衝動」，因為你可以自由用自己的方式掌握自己的人生，無論別人怎麼將種種「必須」強加在你身上。

別讓自己成為艾菲，不然當你離世後，連上帝都找不到你的蹤影。你被賦予頭腦，以及運用這卓越器官來思考並行動的能力。別讓它變成那六塊腦袋空空的薑餅屑。要將這位詩人尖刻又

具有強烈個人主義的想法融入生活中，可以開始這麼做：

- 使用這六塊薑餅屑前，先察覺到自己想用這些詞彙。這樣你便能將它們從你的字典中刪除，也從人生中刪除。
- 對於人生中重要的事，不要尋求別人的允許。與其說「我可以參加那場座談會嗎？」或「我能不能去這場午餐會？」不如用肯定句表達自己想要什麼。說：「我會去參加這場會議」或「我已經把這場午餐會放進行事曆了，你要加入嗎？」
- 放開別人未經同意便賦予你的責任，只有你能決定自己要負什麼責任，除了你自己決定的事，其他沒有什麼是「應該的」。把「應該」和「必須」轉化成自己的選項，依照自己的性格、強項及最重要的生命力來決定要執行哪些。千萬不要變成薑餅屑！

〈獨立〉

〈未行之路〉

黃樹林裡有兩條岔路，
可惜無法兩條都走
身為旅人，我駐足良久
極力望向其中一條的盡頭
直到它在叢林深處彎沒；

於是我選了另一條路，一樣美麗，
也許是因為有更好的理由，
因為鬱鬱蔥蔥且看似罕有人跡；
雖然行過這條路之人煙氣息
實與另一條幾無差異，

那日清晨兩路同在眼前
未有步履覆於落葉之上。
噢！第一條路改日再探！
然我深知道路之外仍有路，
不知自己應否重返。

我將嘆聲敘說這段經過

多年、多年以後在某個地方：

我曾行經樹林中的岔路，而我──

我踏上那條較少人跡的路，

而這使人生截然不同。

——羅伯特·佛洛斯特（Robert Frost，西元一八七四年至一九六三年）

佛洛斯特為普立茲詩歌獎的多次得主，以詩描寫美國邊郊風景及人類靈魂著名。

佛洛斯特寫下〈未行之路〉，說的不僅是選擇岔路中較無人跡的那條，而是某種更超脫的道理。兩條在樹林中分岔的道路引發了佛洛斯特的反思：「不知自己應否重返」，說的便是「我只有一次來到此處的機會，我無法先選擇其中一條路，等失敗了又再回來嘗試第二條路。」他知道自己有選擇，而他以直覺為準來做出決定，讓自己踏上那條較少人跡的路。

我認為這首詩可以應用到生活所有面向。對我而言，佛洛斯特在說的是不要循規蹈矩，也不要只因為別人都在做就跟著做某事。還有，不管別人怎麼做，或歷來的慣例為何，要用自己的方式去做事。本詩的最後一段，也許是佛洛斯特最耐人尋味的一段，說的是選擇自己道路的人生智慧，詩中的結論強調，這麼過的人生將有所不同。

我和太太有八個可愛的孩子。我們最在乎的事便是幫助他們培養自己的人生目標，並盡力讓他們遠離傷害。我們每天都會聽到可怕的事，如年輕人成為酒駕車禍、毒品成癮、犯罪活動、致命的性傳染病等的受害者。與孩子們和他們的朋友討論這些議題時，我們經常聽到這些話：「每個人都這樣。」我們聽到類似「同儕壓力」的說詞，以及年輕人想得到同儕接受，所以這很正常的說法。他們經常跟我們說，沒有人想像「怪咖」一樣格格不入，而我總會用這首〈未行之路〉提醒他們。假若你無法決定要走哪條路，兩條路看起來都可行，那麼請遵循詩人的指引，選擇那條較少人行走的路吧，這個選擇會讓你的人生完全不同。

　　如果每個人都覺得喝酒吸毒很酷，而你正猶豫不決，那麼選一條不同的路吧！選擇那條只有你踏上的道路，一切都會有所不同。同儕壓力之所以對年輕人那麼有影響力，正是因為我們大人都同樣是「團體思考」心態的受害者。我們經常原諒青少年，是因為我們也很難在自己的人生中做出不同的選擇。

　　寫這本書主要是想傳達歷史上諸多偉大靈魂具創造力的貢獻，他們為我打開了眼界。在書寫這些詩人或作者要對今日的我們所說的話之前，我盡可能地閱讀了所有人的生平及他們在那個時代所做的決定。我們所敬重的這些人，幾乎都選擇了那較少人走過的路，而那也是他們之所以與眾不同的原因。

　　佛洛斯特本來被期待要成為農夫、律師，接著是老師。他先

當了農夫，後來進法律學校，成為祖父希望他成為的律師，但幾乎是立刻便不聲不響地離開了。他因為生病離開哈佛，也許那場病就是因為他走上了那條最多人走的道路。但他心中一直想寫詩，當他走上一條幾乎沒有人共行的道路，一切都不同了，而今日的我們也是因為那個選擇才能讀到他的詩。也是因為這類選擇，我們才有莫札特的音樂、米開朗基羅的畫，以及古希臘的雕像。

佛洛斯特的詩讓你忘了同儕壓力，並知道自己確實想走上不同的人生道路。若是照著別人的方式去做，或甚至因為大家都這麼做而去做，便不可能有所不同。若想過跟別人一樣的人生，那你究竟能有什麼貢獻呢？最多人走的路能讓你融入、感覺被接納，甚至適應當前的文化，但永遠不可能讓你做不同的事。當你閱讀這幾世紀來的偉大思想家和他們歷久不衰的作品，這表示你在吸收這些人的智慧，而他們選擇的通常是較少人踏過的道路。他們的書寫能歷久不衰，是因為他們不管他人批評，選擇走上與多數人不同的道路。

在我自己的專業生涯中，我很樂於演說和寫下那些被批評的議題和想法，而批評者往往都走在最多人行走的路上。一開始，我走的這條路滿是坑窪碎石，但我的工作總會從我最信賴的地方出現——我自己的心——於是我堅持下來了。多年過去，這條路已經變得平坦好走，許多曾認為這條路荒誕不經的人現在正跟隨

著我。我常聽人說：「我本來覺得那些想法很不正常，但現在真的很喜歡你當時說的話。」我很高興能體會佛洛斯特所寫的道理。

佛洛斯特寫的是平凡人只要能跟隨直覺，而不是盲目從眾，便能做出不平凡的決定。這對你、對我，尤其是對我們所有的孩子來說，是多棒的道理！我便是那其中一個孩子，現在正在鼓勵我的孩子們走上那條較少人走的路。我鼓勵你體驗看看**為自己**選擇道路的愉悅感，並「嘆聲敘說這段經過，多年、多年以後在某個地方」。而後，我希望這世上會有更多成為大人的孩子明白，再多走一里路便不擁擠了。

從今天開始就把這個道理融入你的生活吧：

- 不要再用別人的行為或成就來驗證自己的生活。即使許多其他人，甚至是大多數人，都相信某條路才是對的，但若你覺得自己與那樣的群體思維並不同調，請走上自己心中想走的路，以此來驗證自己。

- 努力避免在人際關係中比較。期望任何人遵守他人的標準，並不是鼓勵自信或獨特性的方法。

- 傾聽自己的心聲，了解自己想走的路。即使你一輩子都朝著同一個方向前進，但如果現在你不想了，那麼就開始踏上探索人跡罕至道路的冒險吧！自立的回報將遠超過從眾的做法。

- 提醒自己，如同佛洛斯特在詩中對自己的提醒，你不可能再有機會從頭來過，去嘗試一條當初很想走但卻因為人跡罕至而沒有走的路了。

〈讚賞〉

〈身為女人〉

為什麼，當身處羅馬

我卻只想待在家；

但當我回到家鄉土地，

靈魂卻瘋狂想著義大利？

為什麼和你在一起，我的愛人，我的主人，

我卻感到無聊透頂，

但當你離開我──我又

喊叫著要你回頭？

──多羅茜・帕克（Dorothy Parker，西元一八九三年至一九六七年）

帕克為美國短篇小說家、詩人及批評家，因其機智的犀利文字聞名。

　　這首詩機智聰慧的風格便是帕克最為人知的標誌，反映出我們多數人都很熟悉的神經質性格。她以詩句表達出我們總是想要自己沒有的東西，一旦得到卻又不想要的特殊心態。這是人類最大的謎團之一！為什麼我們經常無法享受當下，總是要吃碗裡看

碗外？帕克將這首詩名為〈身為女人〉，但以我對男性友人的觀察，包括對自己的觀察，我想把這首僅有兩段的詩改稱為〈身而為人〉。

我們許多人都有無法完全投入當下的通病，但是「當下」卻是我們唯一能完全投入的地方。「當下」是非常珍貴的人生貨幣，為什麼我們要耗盡生活中的「當下」想著到其他地方？如同帕克在這首短詩中恰如其分點出的問題，為什麼我們要浪費「當下」來為過去感到罪惡，或為未來憂慮，或期望身在不是此處的某個地方？

對於這些問題，我的回答是，因為我們總是看不到生活的價值，沒有讚許當下生活的態度，解決這個困境的方法簡單到大家都不可置信。也就是用「讚賞」的態度看待生活，而不是「貶低」。這不過是做出決定，讓你意識到自己正在用內在世界的思緒浪費掉自己的「當下」。當發現自己身在羅馬卻想待在家，或人在家卻想著去羅馬，請輕輕提醒自己，與其貶低羅馬，不如努力讚美。這是與自己的對話，可以將你從無法完全投入當下的陷阱裡解救出來。

我在充分發揮自我的人身上觀察到的一個特徵是──他們擁有不可思議的能力，可以將過去和未來拒於門外。你與他們在一起時，他們會直視你的眼睛，你知道他們的全部注意力都在你身上。「擔心」不是他們要管的事。其中一個人跟我解釋：「首先，

擔心無法控制的事根本沒有意義，因為如果無法控制，那麼擔心沒什麼道理。第二，擔心自己可以控制的事也沒有意義，因為如果你可以掌控，那麼根本不需要擔心。」要擔心的話，**每件事**都可以擔心。我覺得這很有道理，可以反覆提醒我們自己。

因此，如果我人在羅馬，那我根本無法掌握家裡的情況。因此身處羅馬時，可以選擇不要貶低羅馬，想著家裡的好。同樣，我和任何人在一起覺得無聊時，那是因為我刻意貶低與我在一起的人，只顧著讚賞不在場的人。因此，當那個無聊的人離開，我還處在那個神經質的思維狀態中。欣賞不在場的東西、貶低自己的孤單感受，這就構成了我的「當下」。因此，練習欣賞存在當下的東西，不貶低任何人事物，這位機智作者在詩中描述的困境便會消失，而這不過是取決於能否在當下做出有意識的決定。

我為了寫作而獨處時，常常發現自己落入帕克所說的陷阱。遠離大家庭的噪音和不時的打擾後，我才發現自己很想跟他們在一起。然而，我在家時，卻又渴望有個隱密獨立的寫作地點。對我來說，解決這個問題的方法是去意識到自己此刻在做什麼、自己的思緒是怎麼轉的，並讓自己立刻回到「當下」。

寫作時，我養成了欣賞周遭一切事物的習慣。我看著窗外風景，感謝這些環境以及此時此地讓我能創作的機會。於是寫作本身變成了快樂的一大源泉。同樣地，我在家時，孩子們跑來跑去，似乎是永無止盡的混亂，我會把想著其他地方的想法通通丟掉，

練習進入讚賞這種狀況。我在家裡看著妻子，想著自己能在這裡有多麼幸運。我甚至會感激我們經常認為最理所當然的事物，例如冰箱、牆上的照片和汪汪叫的狗。這一切都是因為摒除「貶低」並轉念為「讚賞」。

帕克最著名的便是她一針見血的機智，也許這就是我選擇將她納入本書的原因。我很喜歡諷刺和笑聲。得知柯立芝（Calvin Coolidge）總統的死訊時，她回應道：「他們怎麼看出來的？」評論好萊塢經典演員凱瑟琳‧赫本（Katharine Hepburn）一九三四年的某部戲劇表演時，帕克說：「她表現出的情緒範圍很廣。」我曉得帕克在這首題為〈身為女人〉的詩裡說得行雲流水，還帶有些許自嘲，但卻道出了使生活圓滿發揮的重要因素。

也許心理健康最重要的特點就是，要能完全活在當下，不去多想身在其他地方的事。以梭羅的話來描述：「不因為回憶過去而失去當下人生的人，是最有福氣的。」我獻上深深的敬意，並在此補充：「還有不空想未來的人。」人一定會有過去，但「過去」並不是「現在」。人也一定有未來，但「未來」也不是「現在」。

我們的「當下」是一個謎，而我們就是那謎團的一部分；如果你能認同，此刻是一個夢。此時此便是所有奧祕之所在。毫無疑問地，努力全然活在當下就是為現況努力。你可以在讚賞的狀態下度過這些寶貴的「當下」，即完全投入此時此刻；也可以用貶低的態度面對，希望自己在其他地方，不要在這裡。但說到

底，你只有「現在」，一直以來都是如此。

　　好好欣賞帕克靈巧的小詩，並將以下建議與你的「當下」結合，從她的觀察中得到收穫：

- 請去留意自己想身在其他地方的念頭，並讓自己回頭讚賞此時此刻。計畫某事時，請盡情享受計畫。請記住，不投入當下只是一種習慣，你現在、此刻就可以選擇改變習慣！

- 摒除「貶低」的想法。當發現自己在貶低當下空間中的任何人事物時，試試看能否以「讚賞」的想法取而代之。例如覺得對話很無聊時，不如轉念去想：「我在接下來這段時間裡，只要愛著這個人，這樣就好。」移除評斷能讓你回到當下並完全投入。

- 花時間冥想。冥想對許多人來說很困難，因為他們總想著某個遙遠的事物或地方。冥想的方法之一是在思緒出現時為其貼上標籤，然後放下它。這種練習可以幫助你及早意識到自己的想法，而我們許多人都需要做這件事，這樣我們才能夠回到「當下」。

- 練習單純享受上菜順序，而不是一邊吃開胃菜一邊想著甜點。這也適用於享受清晨的日出、白天保持清醒、工作時不想著睡覺。整個道理的核心便是「當下」，無需神遊其他地方。

〈寬恕〉

〈雜種〉

我老爸是個白老頭，

我老媽是黑人。

若我詛咒過白老頭

我現在收回詛咒。

若我詛咒過黑老媽

希望她下地獄，

抱歉有過那個惡毒的願望

願她此刻已無憂懼。

我老爸死在華美大屋裡

我媽死在簡陋小屋裡。

我不白也不黑，

不知將死於何地？

——朗斯頓・休斯（Langston Hughes，西元一九〇二年至一九六七年）

美國詩人休斯除了一本小說及一本短篇故事集，也寫新聞幽默小品。他最廣為人知的是在詩作中採用藍調和民謠的韻律，經常如紀錄片一般描寫美國黑人的喜怒哀樂。

我認為休斯是美國公民權利運動的老祖宗，他寫下這首輕快風趣的短詩描寫寬恕的療癒力量，並諷刺用外貌，尤其是膚色，將別人貼上標籤的荒謬行徑。前兩段的最後一行都向我們傳遞出強而有力的訊息，總結了真正的精神性和社會心理健康的真義：「我現在收回詛咒。」和「願她此刻已無憂懼。」休斯透過這幾行詩，要跟我們說什麼呢？我認為他要表達的是，自己在精神上已經成熟到能對父母說：「我寬恕你們，並為自己曾針對你們的惡意念頭感到抱歉。」

　　簡單的一個寬恕行為能帶來自由，讓你省下憤怒，不須因仇恨付出高昂代價。寬恕可以買到內心的平靜。想想曾經讓你懷恨在心或懷有敵意的所有事。每一次傷害或刺痛都像被蛇咬一樣。你不會死，但一旦被咬就覆水難收，那毒液會持續流過你全身，造成傷害。受傷很久之後，痛苦和仇恨的毒液始終都在，而這樣的毒液最終會破壞你內心的平靜。

　　解藥是寬恕，這並不像你想的那麼難。如果你認為寬恕是一種充滿挑戰與衝突的行為，會讓你一輩子掙扎，我倒認為恰好相反。寬恕是愉悅、容易的，最重要的是，這是一種超然的解脫。寬恕能讓我們放下憎恨與過去痛苦的包袱，是「放下」的另一個詞。我是從個人經驗來這麼說，這個道理也許是我之所以如此著迷於這首詩的緣故。

　　我的老爸是個白人老頭，他在我襁褓時便離開我的生活，連

一通電話都沒有打回來過。他也從來沒來看看他的三個兒子過得好不好。他在監獄待過一段時間，酗酒過度，凌虐我的母親和許多其他女人，最後於四十九歲死於肝硬化，埋葬在密西西比州比洛克西的貧民墓地。

直到三十多歲，我都帶著這憎惡和怨恨的重擔，直到我到了他的墓前，說出了與休斯「我現在收回詛咒」類似的話。說完之後，我的人生豁然開朗。我的寫作開始靈感湧現，我的健康大幅提升，我的親密關係也從劍拔弩張變成了精神伴侶關係。最重要的是，我覺得擺脫了那流經血液的毒液。當我們學著原諒，便超越了那些羞辱或使我們痛苦的人，而寬恕的舉動也能使爭執停止。休斯詩中最後一段則說到了用外表將自己貼上標籤的過程。

著名丹麥神學家索倫·齊克果（Søren Kierkegaard）說過：「一旦將我貼上標籤，你便否定了我。」將我們自己和他們歸類到任何標籤的狹小空間裡，接著以那些標籤評判每個人，這是我所能想到最沒有人類精神的做法，但人類一直在做這樣的事。政府要我們填普查報告，要以種族把自己好好歸類。補助是根據這些基本分類來給的，而偏見是如此猖獗，因為我們總是用眼睛所見來判斷別人，而不是用內心的感受判斷。我們知道我們可以交換體內器官，借用彼此的血液，我們也知道思想和靈魂是沒有色彩的，但仍想用外在所見來為彼此貼上標籤。

我們有一位好友住在茂宜島。他的黑人父親一直沒有與家人

同住，母親則是白人。如同休斯一樣，他是在母親與外婆的撫養下長大。他曾隨口對我說：「我不是白人，也不是黑人，真的沒有人可恨。」我從他這句話裡收穫良多。

我很喜歡休斯詩中的最後兩行。這兩行顯示給任何人貼標籤是多荒謬的事：「我不白也不黑，不知將死於何地？」如此荒謬的困境！我們知道如何分類他老爸和老媽，但該怎麼分類他呢？休斯在一九二〇年代和三〇年代寫詩，當時美國正經歷史上最嚴重的種族仇恨和緊張局勢。他以極大的勇氣從內心發聲。也許他最著名的詩是〈我，也是，歌頌美國〉。我在此分享這首詩，讓你能夠邊讀邊思考「寬恕」和「標籤」這兩個雙生議題。

〈我，也是，歌頌美國〉

我是黑人兄弟。

當客人來訪時

他們要我在廚房吃飯，

但我笑了笑，

吃飽吃好，

變得更加強壯。

明天，

我會在餐桌上用餐

當客人來訪時，

沒人再敢

對我說，

「去廚房吃飯！」

到時候。

不只如此，

他們會看見我有多美

為此感到羞愧——

因為我，也是，美國。

　　他從一兩個世代前便提醒我們，給任何人貼標籤是可恥的行為，而他是對的。「明天……沒人再敢　對我說　『去廚房吃飯！』」這是因為無論別人說什麼，像休斯這樣的人仍能夠笑，變得強壯，感覺自己的美。還有，是的，他能寬恕。他提醒我們每個人都有同樣的價值，布萊克也寫過對偏見的蔑視，並留下詩句提醒我們：「在天堂，唯一的生活藝術就是遺忘和寬恕。」

　　要將休斯的想法應用在自己的生活中，請開始這麼做：

- 仔細想想所有曾經以任何方式傷害過你的人，不管是多嚴重或多近期的傷害，都選擇放下。寬恕是一種發自內心的

行為，為你允許在自己體內循環的毒藥提供解藥。

- 請注意，父母（以及過去所有人）所做所知的事，都是因為他們的生活條件。我們不能要求別人做得更多。或許你不會那樣做，那麼就從中學習吧。「寬恕」是體認到，在你寬恕之前，那道深深的傷口不會復原。所以選擇寬恕，你便能立刻感到前所未有的自由。

- 盡一切努力去除生活中的標籤。穿透皮膚和骨骼結構，看見每個人體內的上帝，並從那個沒有標籤的地方對所有人和自己說話。永遠記住，每個人都有權利說：「我，也是，歌頌美國。」

〈非暴力〉

非暴力的做法不會立即改變壓迫者的心。它會先影響那些致力於它的人的心靈和靈魂。它給了他們新的自尊；它喚起了他們不知道自己擁有的力量和勇氣來源。最後，它也會影響對方，從而激起他的良心，使和解成為現實。

——馬丁‧路德‧金恩（Martin Luther King Jr.，西元一九二九年至一九六八年）

馬丁‧路德‧金恩博士是浸信會牧師，也是以非暴力行動爭取民權的熱情鬥士，於一九六八年遇刺身亡。

　　金恩博士的這句話讓我想起了佛陀的故事。有個人聽說佛陀不管在生活中遇到什麼，都能保持平和、不動粗。這個人決定要試探佛陀，於是不遠千里來見他。三天來，他對佛陀粗俗無禮又不敬，批評和挑剔佛陀所說或所做的一切。他辱罵佛陀，試圖讓佛陀生氣。然而佛陀從未動搖，每次都以愛和善意回應。這個人終於忍不住了，問道：「我對你說的話那麼有敵意，你怎麼能如此平靜和善？」佛陀反問那人一個問題：「如果有人送你一份禮物，但你不接受那份禮物，那禮物是誰的？」那人有了答案。

如果有人送你一份憤怒或敵意的禮物，而你不接受，那麼它仍然屬於給予者。何必對不屬於自己的事物感到心煩或憤怒呢？

這就是金恩博士告訴我們的道理精華所在。當你選擇非暴力方法時，首先影響的是自己。你會變得比較不容易接受不請自來的惡意禮物。其他人試圖挑起任何形式的爭論或衝突時，你只會「視而不見」。你最初的目標不是改變任何人，而是有意識地、充滿愛心地努力成為恩典和寬容的工具。你的內心愈平和，就愈不會被他人的敵意或不滿影響。

當金恩博士談到那些致力於「非暴力」的人，他們的心靈和靈魂變化時，他所說的不僅是公民運動或階級衝突。他告訴我們的是，如果我們能保有平和的心，便能更加勇敢，生出一股前所未有的力量。當周圍的人試圖將我們拉入他們的爭鬥時，我們能保持平和，甚至在思考是否接受「禮物」之前，便能與自己有不同的對話。我們確定的是：「我會選擇平和，而不是戰鬥。」在一連串這樣的對話之後，我們會自然而然地平靜以待。

在我們在一起的二十多年裡，我妻子瑪絲琳一直是非常平和、好沉思的女人。在最初幾年裡，我會試圖用振振有詞的邏輯把她拉入爭論，但她根本不用那種方式處理我們的關係。從本質上講，她是在用自己的行為告訴我：「我對跟你吵架沒興趣。」她的表情平靜無波，沒打算跟我爭論。不久之後，我發現自己無法強迫這個女人用我的方式思考。我意識到面對一個對吵架沒有

興趣的人，很難吵得起來。她並沒有試圖用**她的**行為改變我，而是以非暴力行為來平和回應。

反覆閱讀金恩博士的優美文字時，請提醒自己，選擇成為非暴力人士的目標不是改變別人或修復世界。你的目標是給予自己應得的自尊，並消除與衝突和「不適（dis-ease）[1]」相關的痛苦，因為你是上帝的神聖造物。然後，你將開始毫不費力地散發出「自重」與「平和」的力量，並以自己的存在影響身邊的人。

據說佛陀和耶穌即便只是待在某個村莊，什麼也沒做，便能提高身邊人的意識。你可能體會過，當與非常平和的人共處一室時，他們似乎能散發出愛的感覺，讓你感覺平和、更有自信。我的經驗是，我們可以改變**任何**環境的能量，只要選擇肯定自己，如《奇蹟課程》中的這句話：「無論別人怎麼對我，我都會保有平和與非暴力行為。」

在許多我以為自己無能為力的情況下，我會練習傳遞非暴力的能量費洛蒙。我在雜貨店聽到或看到父母虐待孩子時，便會進入能量場，讓平和的愛的能量影響這個地方。聽起來很瘋狂，但似乎總是有效，金恩博士說得好：「它也會影響對方，激發他（和她）的良心，使和解成為現實。」

1　編註：disease原意為「疾病」，此處為雙關。

孩子受虐待、無人幫他們辯解時，應讓他們看見有個人不願與施虐者沆瀣一氣。在與家人或其他成年人的關係中，最重要的是讓他們看到一個內心平和的人。要惡意或仁慈永遠是一種選擇，即便你覺得自己落入陷阱。回想佛陀的話和他說的「禮物」，要明白，金恩博士所宣揚和實踐的「非暴力」適用於我們每一個人、每一天的生活。

要加入這場非暴力運動，請嘗試以下建議：

- 對任何形式的暴力做出更暴力的反應之前，請制止自己，如所有精神導師鼓勵我們的，誓言成為平和的媒介。

- 每天努力帶來更平和的生活。花時間冥想、練習瑜伽、讀詩、獨自散步、與孩子和動物玩耍，或者做任何能讓自己感受到愛與被愛的事。

- 做出具體努力來消除生活中的暴力。報紙和新聞向你灌輸無窮無盡的報導，試圖激起你對敵意和惡意仇恨的好奇心，使你內心難以平靜。遠離這些源頭，並在每次聽到這類報導時記住，每種不人道行為，都有上千種良善行為可取而代之。

- 記住這句諺語：「聖人不言，賢者言，愚者爭對錯。」

〈比較〉

〈提醒我自己是誰的人〉

想到擁有黃金才能的人，
我便內心暗自欣喜，
權衡計算，想發掘，
與他們有多少共同點。

如伯恩斯，我對瓶中物毫無抵抗，
如莎士比亞，我不熟拉丁文，更不熟希臘文；
如亞里斯多德，我愛咬指甲；
如薩克萊，我虛榮浮華又勢利。

如拜倫，我為自大虛空所苦，
如波普，我憤世嫉俗愛批評；
如佩脫拉克，我為海妖著迷，
如米爾頓，我煩悶鬱鬱寡歡。

如喬叟，我用同樣韻律寫詩；
如詹森，好吧，我不想死
（我也用碟子喝咖啡）；
若戈德・史密斯是一隻鸚鵡，我也是。

如維庸，我有滿車債務，

如斯溫本，恐怕我需要護士；

我賭博起來比克里斯多夫‧馬羅還兇，

我與柯立芝一樣作夢，只是更糟。

與黃金才子相比，

我本該是有才華之人；

我有每位天才的惡習，無論多麼令人髮指──

但我寫的作品卻像我。

──奧頓‧納許（Ogden Nash，西元一九○二年至一九七一年）

納許為美國輕詩（light poetry）作家，以其精緻的奇思妙想和諷刺著名。

納許以其出色的幽默感和大膽詩句聞名，從單字詩句到蜿蜒曲折的整段詩句，他的詩常常長短不一，差異極大。他在世時即有大量追隨者，尤其是諷刺日常怪事的詩。在這首詩裡，他自嘲自己的缺點與世界上的「黃金才子」們一樣，而他們都是最優秀的詩人。這首詩顯然是開玩笑的，但它卻點出了我們許多人總愛拿自己與他人比較的傾向。

把我們的行為拿來與他人比較，似乎比較好判斷自己在人生

中所處的位置。我們在家裡和學校長大的過程都在比較，取決於他人加總起來如何，我們被訓練為符合中間值的樣子。為了教學評量，要用標準化曲線來決定我們符合哪個位置，無論是地理、數學、穿什麼，以及夜晚能不能外出。無論其他人在做什麼，都會被用來當作衡量我們應該怎麼做的指標。還有學校成績單和操行報告。「比較」是一種如此普遍的評量方法，以至於你也很可能用這個方式來評估自己成年後的生活，並管理家人生活。

然而，拿一個人來與另一個人比較，否定了每個人的獨特性，經常是很侮辱人的。「比較」也不可能讓你有自知之明。看看別人怎麼做來驗證自己這麼做對不對，是很容易的方法。如果有百分之六十八的人這樣做，我們可能會不禁覺得這麼做就是正確的。我們不斷拿自己的生活來與他人比較時，便會尋求以某個地方、某些曾存在這裡的東西，來重複過去的制約。我很喜歡道家創始人老子說過的這句話：「知人者智，自知者明。」

當我們以任何形式的比較來衡量自己，其實頂多只能獲得一些智慧。但要開悟，我們便必須了解並尊重每個人的獨特創造力。而這樣的天才創造力從來不是中間值。

不斷努力往「常態分布」的最高點和最大區塊靠攏，避免進入極端值——我想你明白，我認為這不是任何人都應遵循的道路。為什麼？因為有創造力的天才往往是落在離中間值遙遠的地方。

尚・皮亞傑（Jean Piaget）是一位著名的瑞士精神病學家，他曾研究學生在學校是以何種方式取得最好成績。多年前，我還是一名年輕博士生時，他提出的重要發現令我永生難忘。他的實驗證實，不同個體的學習和成就程度都不同。在僅用一種教學方法（例如講課）使用教材的課堂中，學童在學期末考試的成績水平會近似於標準曲線，其中大約三分之二的人得到C等或平均成績、四分之一分別落在高於和低於平均的分數（D和B等）；遠離中間值的僅有一小群人，那百分之六的人分別落在最低分和最高分（F和A等）。也就是說，只有一小部分人是天才，而有一小部分人根本什麼都學不到。

　　但這並不是令我驚訝或永生難忘的事。皮亞傑接著說，如果改變教學方式，例如把單純講課改為用黑板畫圖，還是會得到一樣的常態分布圖，一小部分的天才和地才占百分之六，百分之二十五的人拿到D和B，百分之六十七的人拿到C＋和C－。但令人驚訝的是，如今落在天才和地才範圍的人不一樣了，當你對同樣一群人用另一種方式，例如小組討論或影片報告等來教學，教材相同，但被劃歸為天才和地才的人卻不同了。每一種新的教學方式，都會帶來新的天才、新的地才和新的中間族群。

　　對我來說，皮亞傑意義重大的發現令人永生難忘。每個人都有可能成為天才，而我們身為教育者、家長，或自己人生嚮導，要做的就是找出那個讓天才出現的方法。

納許的幽默諷刺詩〈提醒我自己是誰的人〉提醒我們，老是要拿自己與別人比較是很荒謬的事。他的結論堅定表達了真理：「但我寫的作品卻像我。」而這是他僅能做的：做自己。

我們通常會努力融入並希望被接受，透過比較自己與他人來了解該怎麼融入群體。從上學的第一天起，我們就受到限制，因此很容易忘記自己獨特的天賦可能尚未開發。當你知道自己是獨特的個體，而且若有適當的方法、人和環境，你就能表現很好，那拿自己來與他人比較的念頭就會成為一件荒謬的事。

你心裡明白，如同我在寫作、演講、跑馬拉松、洗車，或刷牙時也一樣明白，你我不需要跟別人比較才能決定該怎麼做這些事。若能說出：「這是我的方式，你的方式是什麼？**對的**方式根本不存在！」我們便自由了。當我不再需要去看自己與那些「黃金才子」的共同點時，我就自由了。結論與納許的說法相同：「但我寫的作品卻像我。」停止比較，開始以**自己的**方式生活吧！

為了減少與他人比較的習慣，請開始練習以下建議：

- 用自己的個人指標來評估自己和自己的表現。「我對自己滿意嗎？」而不是「我沒有姊姊好。」
- 當發現自己比較的習慣跑出來時，請立刻制止自己。「有意識」是改變這個習慣的開始。你正要說：「我覺得自己平凡無奇」時，請停下來，改成「我的表現就是這樣，我

可以接受。」

- 除非你期望他們這麼對你，否則不要拿孩子來跟別人比較。每次你說：「學校裡的其他小朋友都會做家事。」時，想想他們也可以這樣對你說：「別人家爸媽都不會讓小孩這麼早睡覺。」除非停止用比較做為標準，否則這種習慣害人不淺，還會代代相傳。請將自己的指示改為：「你的朋友如何是他們家的事，我希望你去寫功課、做家事。」

- 如果你無法如自己所願，在某件事上展現出天賦或變成專家，提醒自己，這並不是因為你能力不足，而是因為你對這件事有獨特的應對方式和體驗。你的天賦可能在其他地方，或者你可能需要另一種學習環境。請尊重自己的獨特性，拒絕跟別人比較。「比較」會讓你把人生的掌控權交到那些你拿來比較的人手上。

〈行動／實做〉

少說一些，說教並不能與人心靈相通。那你應該怎麼做？
拿起掃帚去打掃人家的屋子，這樣就夠了。

——德蕾莎修女（Mother Teresa，西元一九一〇年至一九九七年）

德蕾莎修女原本是加爾各答的史地老師與學校校長，後
來蒙召離開修道院，去幫助貧困的窮人並與他們生活在
一起。一九五〇年，她與助手們一起成立了仁愛傳教修
女會（Missionaries of Charity，又稱博濟會）。

　　要把我們希望別人知道的事教給他們，最有效的方法便是身
教，而不是言教。我們經常花費無數時間對話，表達我們對令人
反感的事物的挫敗感，並在口頭上彼此侮辱並舉出令人氣憤的例
子。但預期的改變並未實現，你仍然承受著被不當對待的痛苦。

　　就某種程度上來說，溝通可能真的是維繫良好關係的關鍵，
但似乎交流的言語愈多，結果就愈不好。對於重要的人、家人、
老闆和員工，甚至自己的孩子，可能都是如此。

　　德蕾莎修女，這位每天在加爾各答街頭工作的靈性巨人，她
說，自己在「所有令人苦惱的偽裝中看見耶穌基督」。她這段話

雖然簡短，卻給了我們深刻的智慧：「少說一些」，多做一點。沒有行動支持的言語不過是「講道」罷了。對此若想提出一個重點，可能要用新的、有效的行為創造一個「共同點」。古老的格言說：「不聞不若聞之，聞之不若見之，見之不若知之，知之不若行之。」這不僅適用於你想學什麼，也適用於你希望被如何對待。顯然你無法只聽別人的話，或看別人怎麼游泳就能學會游泳，而是要親自下水才知道。同樣簡單的邏輯也能用在溝通上，若唯一的交流方式是無止無盡的文字交換，那無異於愚蠢的行為。

　　「行為」是生活中與他人交流最有效的方式。我和妻子總是告訴孩子們要善待所有生物。然而，傳遞這個訊息的最好方式便是我們自己的身教。最有力的例子大概是我們在茂宜島的時候。當時瑪絲琳和一個女兒發現了一隻從巢裡掉下來的小鳥。我記得我太太那天有許多重要的家事要做，但她帶著那隻裝在鞋盒裡的小鳥，開了四小時的車、繞了半座島到她打電話的救援單位，為一隻鳥寶寶奔波了一整天。她把這隻小鳥交給救援單位的行為創造了「心靈相通」，而不僅是「講道」。那天我與孩子們都從她的行為中看見了對所有生物的愛，這堂課比任何關於這個主題的長篇大論都更有影響力。

　　當你發現自己捲入無用的文字遊戲，僅搔到議題的表面時，請停下來用德蕾莎修女的偉大智慧提醒自己。問問看：「我現在能做什麼？」而不是繼續闡述自己的重點。如果有人在言語上不

尊重，請盡一切方式用言語表達自己的立場。如果不尊重仍然持續，那就要轉入行動階段，或說是創造如德蕾莎修女所說的「共同點」。請立刻離開現場。如果面對的是大人，請盡可能表達自己的態度是認真的。離開至少一周的時間。如果處理的是酒醉行為，也請不要用話語當作唯一的交流方式。你可以要求這個人自行尋求協助，否則你將會離開他的生活。面對孩子時，如果有人違反基本禮儀與和諧，那就要消除他的特權並貫徹到底。無論如何都要說出來，但如果真的要盡一分力幫忙，你終究得拿起掃帚去打掃別人的房子。

德蕾莎修女不是你能以殘忍或不關心別人來描述的人，她的人生全數奉獻給慈善，幫助那些比我們更不幸的人獲得人道對待。她似乎明白，要實現這點並不是告訴別人品行端正有多重要，而是以身作則。用行為表示自己不能寬恕那些討厭的事並不殘忍，反而可能是唯一能促成改變的有效方式。你的言語固然重要，但若沒有行動支持，便會有被遺忘的風險。

我們似乎總是傾向陷入不停討論問題而不可自拔。我們組織委員會來研討問題、參加會議來討論某件事或許不可行的種種理由。真正做事的人不會去開會聽那些即席報告。我想到汽車總裁李・艾科卡（Lee Iacocca）最有名的就是「對藉口很沒耐性」，而他帶領全世界兩家最大的汽車公司達到巔峰。他要工程師做出花了幾十年還做不出來的原型敞篷車時，許多人告訴他這不可

行，在工程上會有問題。最後他惱怒地命令他們：「拿一台車來，把車頂切掉給我看看就是了！」

即知即行的人是能帶來改變的人，也是那些我們最景仰的人，他們似乎都知道這古老智慧的真理：「你做的事這麼大聲，我聽不見你在說什麼。」當個做實事的人，而在這過程中，你能教會別人更多，也能為自己帶來豐富精采的生活，比字典上所有的話加起來都更有用。

要將德蕾莎修女的話付諸實踐，請試著這麼做：

- 謹記在心，你怎麼對待別人，在生活中便會受到怎樣的對待。問問自己，你的行為是否會使自己不斷遇見不好的對待。

- 覺得自己說的話不再有影響力，反而讓你絮絮叨叨像在說老掉牙的話，結果卻還是一樣時，想辦法用更有創意的方式將「講道」轉變為創造「共同點」。寫下能表達自己想法的新做法，即便很想回頭用說的，但還是要堅持照新做法實際做事。

- 讓家人，尤其是孩子，看見你的身教。不論他們可能說什麼，他們都會尊重你的行動，即使他們表現得像很有意見。如果你不想爭論和為自己解釋，那麼便堅定地展現出你的人生哲學，你將會體會到那個共同點的價值所在。

〈敬畏〉

〈布里斯本〉

布里斯本

神向我們顯明之處。

只有我倆知道那存在的魔法與威儀。

儘管不可思議……

我們與永恆的連結更進一步強化。

然而悖論始終徘徊不去……

我們掌握／我們無法掌握，

注定要抉擇。

我只知道我們的愛嵌於永恆之中。

——偉恩　戴爾（Wayne W. Dyer，西元一九四〇年一）

一個無限靈魂喬裝成的丈夫、八個孩子的父親、作家及講師，戴爾是本書和其他十六本書的作者，其中包含三本教科書。

本書與其說是讚誦詩歌和哲學思想，不如說是要將這些智者的智慧應用到我們的日常生活中。書中所有的作品節錄傳遞的道

理都是來自敏感、具高度創造力及生產力的人，他們曾經活在這地球上，如同今日的你我。

　　在這麼多過去的偉大詩人、藝術家和哲學家的精彩作品中節錄自己的詩作，我自覺有點自不量力。但我選擇接納自己的不適和不自在，因為我很想將〈布里斯本〉收錄在此書中。對我來說，這是一份愛的勞動與啟示，是一個普通平凡的男子，在純粹敬畏與靈感泉湧的時刻，發自內心寫給妻子的詩作。也因為我想讓你知道這首詩背後的故事，作詩人仍然健在，可以分享寫作的原因。

　　因此，我以自己寫給妻子瑪絲琳的一首詩做為本書的結尾，希望你也能拿起筆，不要怕與偉大詩人比較帶來尷尬、嘲笑或不公平，向所愛之人表達內心最深處的感受。

　　這首詩的標題是〈布里斯本〉，那是澳洲北部的城市。早在一九八九年，我便真切且毫不懷疑地知道，宇宙中有一股我稱為「神」的力量在運作。這是我真正「**認識**」神的開始。在那之前，我只是「**知道**」神。

　　一九八九年二月，我的妻子瑪絲琳和兩個孩子（當時分別是一歲半和三歲半）陪我一起到澳洲巡迴演講。那天我在一大群人面前演講，晚上回到布里斯本的飯店休息時已經筋疲力盡，準備休息。我的床上有一個孩子，瑪絲琳則在隔壁的床上睡覺和餵奶。

　　凌晨四點零五分，前所未有也空前絕後的事情發生了，突然到令我大吃一驚，難以言喻。我的妻子從睡夢中醒來，開始重新

安頓床位。她把三歲半的孩子從我床上抱起來，讓她和我們一歲半的小兒子睡在一起。接著她爬上我的床，依偎在我身邊。瑪絲琳這個舉動很不尋常，尤其因為她無時無刻都在照顧兒子。我在半夢半醒之間，震驚地以為自己在做夢。

過去八年裡，我的妻子要不是在哺乳，就是在孕期，因此生理週期完全停止了。此外，她因為手術切除了一邊卵巢，醫生告訴她，她不會再懷孕了。但是為了確保沒有失誤，我們會避孕，我在關鍵時刻抽離，確保我們的預防措施萬無一失。然而，儘管如此，凌晨四點零五分，我們最小的女兒莎雅（Saje Eykis Dyer）在澳洲布里斯本著床，並於一九八九年的十一月十六日被帶入我們的世界。

是什麼在那一刻驚醒了我的妻子？是什麼讓一個總是自制的女人表現得如此執著？那天晚上有什麼力量在運作？誰在掌控這一切？

莎雅是我們婚姻中愛的結晶，但當我發現妻子因那晚奇妙的渴求而懷孕，我與瑪絲琳都知道，即便我們已經決定不再生孩子，冥冥之中卻有一股力量將這個小天使透過我們進入物質世界。手術、避孕、抽離、沒有排卵週期以及在異國他鄉沉睡，這些對努力要進入我們所在物質世界的生命力來說，都成了微不足道的小阻礙！

一九八九年的母親節，我為妻子寫下〈布里斯本〉，並將其

裱框起來，紀念我們的澳洲之旅。但無論我寫了多少字，多極力傳達那次體驗的奧妙之處，如我所寫的，「只有我倆知道那存在的魔法與威儀」。從那次起，我再也沒有質疑過神在我生命中的存在。我不與不信者爭辯，也不覺得需要特別去說服我認識的人。我只是在書寫中、在演講時分享出來。沒錯，我也在寫給妻子的短詩中表達。分享的時候，我回到了那一刻，與那神聖的覺醒連結，那股無所不在、無所不能的力量湧入並變得強大。透過這次經驗，我也明白到，每個人所顯化為人類的靈魂都是那神聖劇場的一部分。

我們總覺得自己掌控著這些事，但更大一部分的我知道，沒什麼阻擋得了意志堅決的靈魂，而這句悖論「注定要抉擇」在任何時刻都如此明顯。也就是說，同時之間，我們掌控，但也無法掌控，而學習與這奧祕共存便是「**認識**」神的重要過程。

你透過類似的神奇場景來到這裡。懷孕幾週後，你的心臟開始在母親的子宮內跳動，這對我們這星球上的每個人來說都是一個謎。如何無中生有？受孕之前，生命在哪裡？被創造的瞬間發生了什麼事？我們都在行走、呼吸、談論悖論，但我們或許最好放棄智力的搏鬥，用一顆有愛的心接受，確信「我們的愛嵌於永恆之中」。

一定要保持敬畏，欣賞生命的每一刻和每一個被創造出來的分子。但在某個地方，在你的內心深處、意識的一個小角落，請

務必相信，在你和整個宇宙中有個神聖的存在運作著。無論你多年來是怎麼想的，這個神聖的存在永遠不會犯錯。這是一個我們都身在其中的智能系統，我們準時入場，也準時離場。

最後這首詩是我想給你的話，也是對一九八九年初那個啟發揭示時刻的致敬。請務必相信《奇蹟課程》中所說的那件事，也是我在這最後一章要向你傳達的訊息。這是我個人想給你的唯一一個建議，希望在你闔上這本書時一併帶走：「若你知道在你選擇的道路上有「誰」相伴，便不可能感到害怕。」

合什！（我尊崇你的靈魂，在那裡我們終是一體。）

國家圖書館出版品預行編目資料

靈性導師與智者的心靈對話：關於冥想、孤獨、愛
與其它的每日靈性練習／偉恩‧戴爾（Wayne W.
Dyer）著；張玄竺譯. -- 初版. -- 臺北市：如果出版：
大雁出版基地發行, 2023.08
　　面；　　公分
譯自：Wisdom of the ages : 60 days to enlightenment.
ISBN 978-626-7334-17-1（平裝）
1. CST：靈修

192.1　　　　　　　　　　　　　　　112010992

靈性導師與智者的心靈對話
——關於冥想、孤獨、愛與其它的每日靈性練習
Wisdom of the Ages: 60 Days to Enlightenment

作者 偉恩‧戴爾（Wayne W. Dyer）
譯者 張玄竺
封面設計 陳俊言
責任編輯 謝汝萱、張海靜
行銷業務 王綬晨、邱紹溢
行銷企畫 曾志傑、劉文雅
副總編輯 張海靜
總編輯 王思迅
發行人 蘇拾平
出版 如果出版
發行 大雁出版基地
地址 台北市松山區復興北路333號11樓之4
電話 02-2718-2001
傳真 02-2718-1258
讀者傳真服務 02-2718-1258
讀者服務信箱 E-mail andbooks@andbooks.com.tw
劃撥帳號 19983379
戶名 大雁文化事業股份有限公司
出版日期 2023年8月 初版
定價 450元
ISBN 978-626-7334-17-1

歡迎光臨大雁出版基地官網
www.andbooks.com.tw